中国工业发展之路

玉门油田

中国科学技术协会 组编
王巧然 编著

中国科学技术出版社
中共中央党校出版社
·北京·

图书在版编目（CIP）数据

玉门油田 / 王巧然编著 . -- 北京：中国科学技术出版社：中共中央党校出版社，2024.12

（红色工业）

ISBN 978-7-5236-0462-5

Ⅰ.①玉… Ⅱ.①王… Ⅲ.①油田－工业史－史料－玉门 Ⅳ.① F426.22

中国国家版本馆 CIP 数据核字（2024）第 042033 号

策　　划	郭　哲　　秦德继
策划编辑	李　洁　　符晓静　　张敬一
责任编辑	李　洁　　史朋飞　　桑月月
封面设计	北京潜龙
正文设计	中文天地
责任校对	邓雪梅
责任印制	李晓霖

出　　版	中国科学技术出版社　中共中央党校出版社
发　　行	中国科学技术出版社有限公司　中共中央党校出版社
地　　址	北京市海淀区中关村南大街 16 号
邮　　编	100081
发行电话	010-62173865
传　　真	010-62173081
网　　址	http://www.cspbooks.com.cn

开　　本	710mm×1000mm　1/16
字　　数	150 千字
印　　张	15
版　　次	2024 年 12 月第 1 版
印　　次	2024 年 12 月第 1 次印刷
印　　刷	河北鑫兆源印刷有限公司
书　　号	ISBN 978-7-5236-0462-5 / F·1206
定　　价	68.00 元

（凡购买本社图书，如有缺页、倒页、脱页者，本社销售中心负责调换）

端起历史望远镜，长征路上再出发

历史忠实记录了一个国家走过的足迹。习近平总书记多次提醒我们要"端起历史望远镜"，"要端起历史望远镜回顾过去、总结历史规律，展望未来、把握历史前进大势"。望远镜可以让我们看得更远、更清晰，而历史的望远镜可以让我们更加理性地回望过去，捕捉那些决定历史走向的深层规律和因素，进而获得更深刻的思考。

思接千载、视通万里。以贯通古今的智慧，分析当下遇到的问题，才能既知其然又知其所以然，才能知晓未来我们怎样才能不重蹈覆辙，才能继续走向成功。100多年来，中国共产党基于对历史经验和教训的深刻总结和充分借鉴，从中提炼出克敌制胜、攻坚克难的法宝，奋力带领中国人民干革命、搞建设、抓改革、促发展，就是为了让国家更强大，让人民过上好日子。

"两弹一星"精神、大庆精神（铁人精神）、"两路"精神、载人航天精神、劳模精神（劳动精神、工匠精神）、科学家精神等工业领域的精神，作为中国共产党人红色基因和精神谱系的重要组成部分，已经深深融入中华民族的血脉和灵魂，成为社会主义核心价值观的丰富滋养，成为鼓舞和激励中国人民不断攻坚克难，从胜利走向胜利的强大精神动力。

文化遗产是前辈留下来的宝贵财富，要保护好、利用好、传承好，工业遗产是文化遗产的重要组成部分，是工业时代的真实记录和客观存在，工业遗产中丰富的近现代科学技术发展创新的历程更加值得深刻发掘和总结。中国科协开展工业遗产发掘、传播工作的出发点就在于此。近年来，中国科协先后发布了三批"中国工业遗产保护名录"，组织编写了"红色工业"等书籍，把科学精神和技术创新作为科学文化传播的着力点，并把讲故事作为工作的重点。文化遗产传承的一个重要途径就是讲故事，通过讲故事的方式，把中国工业化进程、现代化道路以通俗易懂的方式讲给青少年听、讲给我们的党政干部听、讲给外国人听，让更多人了解为什么只有中国共产党才能救中国，只有中国共产党才能团结带领中国人民实现工业化、实现中华民族的伟大复兴，正确理解前 30 年与后 40 年的关系，提升中国文化影响力，进一步展示中国科技新形象。

习近平总书记说：每一代人有每一代人的长征路，每一代都要走好自己的长征路。雄关漫道真如铁，而今迈步从头越。中华民族伟大复兴的道路上，还有许多高峰需要攀登，还有许多关卡需要征服。中国人民有骨气、有信心、有能力做好自己的事，走好自己的路，使中华民族自立于世界民族之林。

历史无法重来，未来可以书写。循道而行，方能致远。

本书编委会

"红色工业"丛书编辑委员会

主　任：郑浩峻
副主任：石　楠　张柏春
成　员（按姓氏笔画排序）：
　　　　于海宏　史朋飞　冯立昇　曲长虹　刘　萱
　　　　刘向东　刘伯英　齐　放　李　洁　杨　玲
　　　　陈　玲　陈东林　夏　婷　符晓静　潜　伟
　　　　薛　静

主　编：郑浩峻　潜　伟
副主编：刘向东　薛　静

目录
CONTENTS

001 / 第 1 章
地质考察爱国志士建功玉门

025 / 第 2 章
抗战烽火，一滴汽油一滴血

045 / 第 3 章
护矿迎解放，红色石油工业从这里走来

055 / 第 4 章
我国"陆相生油"理论

063 / 第 5 章
春风也度玉门关，玉门油田被列入"一五"计划

073 / 第 6 章
凭借 5 种精神度过艰难岁月

087 / 第 7 章
石油工程第一师

099 / 第 8 章

玉门"茶壶炼厂"结缘国防航天

111 / 第 9 章

石油摇篮"三大四出",凡有石油处就有玉门人

145 / 第 10 章

"石油摇篮"里孵化出的玉门风格

203 / 第 11 章

《我为祖国献石油》创作于玉门油田

211 / 第 12 章

玉门油田的不老基因

224 / 参考文献

226 / 后记

红色工业

第 1 章
CHAPTER ONE

地质考察爱国志士建功玉门

国外的石油地质专家在陕北进行石油勘探后得出了「中国贫油」的结论，但中国的地质勘探人员不迷信，先后做出一系列努力。其中严爽、孙健初、靳锡庚等自1938年12月起，在酒泉租用22峰骆驼，驮着测量仪器、帐篷、行李和部分生活用品，从石油河、上油泉、角塘沟、三橛湾、马莲泉到红沟河坝，他们一路勘探，获得了大量第一手资料，为玉门油田的开发奠定了坚实的基础。

1939年3月，祁连山下的石油河畔，中国的第一口油井诞生了，这就是中国第一个石油工业基地、被誉为中国石油工业摇篮的玉门油田（原名为玉门油矿）。

中国是世界上最早发现和利用石油的国家，玉门是我国早期发现和利用石油的地区之一。公元3世纪末，生活在玉门一带的劳动人民就发现了油气苗，并进行了广泛利用。对此，我国古代典籍多有记载。

如公元290年前后，西晋张华编撰的《博物志》对玉门地区的石油作了记载："酒泉延寿县南山，名火泉，火出如炬。"这比北宋沈括在《梦溪笔谈》中的记载早了近800年。

公元306年，西晋司马彪《后汉书·郡国志》延寿注："《博物记》曰：县南有山，石出泉水，大如筥（jǔ），注地为沟，其水有肥，如煮肉泊，羕羕永永，如不凝膏，燃之极明，不可食，县人谓之石漆。"文中的《博物记》即《博物志》，石漆是古代劳动人民对石油的一种称谓。这段文字主要记载了玉门地区石油和天然气的一般性质和状态。

北魏郦道元的地理名著《水经注》中载："《博物记》称：酒泉延寿县南山出泉水，大如筥，注地为沟，水有肥，如肉汁，取

第1章　地质考察爱国志士建功玉门

著器中，始黄后黑，如凝膏，燃极明，于膏无异，膏车及水碓釭（duì gāng）甚佳，彼方人谓之石漆。"这段记载与《后汉书·郡国志》不同的地方是"膏车及水碓釭甚佳"，说明古代玉门地区的劳动人民已开始用石油膏润车轴，这是我国最早利用石油的记述。

唐代李吉甫所著《元和郡县志》记载："石脂水在县东南一百八十里，泉有苔，如肥肉，燃之极旺。水上有黑脂，人以草盝（lù）取用，涂鸱夷酒囊及膏车。周宣武帝宣政中，突厥围酒泉，取此脂燃火，焚其攻具，得水愈明，酒泉赖以获济。"文中的县即玉门县；石脂水是古代劳动人民对石油的另一种称谓。《元和郡县志》不仅记载了石油在古人生产和生活中的应用，而且记载了其在战争中的应用。文中记载，南北朝时期北周武帝宣政元年（578年），占据北方的突厥进犯酒泉郡，守军用玉门的石油点燃柴草作为武器击败了突厥，保住了酒泉。这件事距今已有1400多年，比阿拉伯人在7世纪以舰队包围进攻拜占庭都城君士坦丁堡时，拜占庭人把石油洒在江面点火，将阿拉伯人的舰队全部烧毁的案例早近100年。

明代李时珍所著《本草纲目》记载："石油所出不一，出陕之肃州、鄜州、延长、云南之缅甸、广之南雄者，自石岩流出，与泉水相杂……石油气味和雄硫同，故杀虫治疮。"这段文字是最早记载的石油在医疗上的应用。

其他历史典籍,如《太平环宇记》《大明一统志》《本草纲目拾遗》《肃州志》等都对玉门地区的石油有较为详尽的记载。

然而,中国规模化开发利用石油、发展石油工业却比其他国家晚了很多年。

1932年11月,一个一切活动高度保密的机构在南京成立。机构的往来信函地址只印着"南京三元巷2号"的字样。这就是后来在国民政府中占有举足轻重地位的资源委员会的前身——国防设计委员会。在此之前,国民政府内部就有人提议,应该做好抗战的准备。时任中央地质研究所所长的翁文灏被任命为国防设计委员会秘书长。

翁文灏是中国第一位地质学博士,他对于解决能源匮乏的问题有明确的想法。特别是国防设计委员会成立以后,翁文灏做了两手准备,一个是尝试通过煤低温蒸馏来解决缺油的问题,另一个是依旧致力于寻找石油。

19世纪初,国外石油地质专家(1914—1916年参加过陕北石油勘探的美孚石油公司地质师阿世德回国后公开发表报告——《陕西地质调查最后报告》,他称"陕北没有一口井盛产石油使其有利可图",随后,一些从事理论研究的地质学家,如斯坦福大学教授布莱克威尔德也发表文章《中国和西伯利亚的石油资源》,基本观点是中国无论是海相地层还是陆相地层,都不可能盛产石油)在陕北地区进行勘探后得出"中国贫油"的结论。中国地质勘探人员先后做出一系列努力。1919年,丁文江首次指出:美孚石油公司在陕北地区的工作已经说明他们的失败。丁文江、翁文灏于1921年联名发表《中国矿业纪要》,称"石油固自不失为中国有希望之矿产"。1928年,李四光称"美孚的失败,并不能证明中国无油可办"。谢家荣称"……未曾钻探之处尚多"。

1938年1月,美国地质专家马文·韦勒、弗雷德·萨顿及中国地质专家孙健初等完成西北地区地质调查后,在西安完成了《中国西北甘肃、青海两省地质考查报告》。该报告称:甘肃的西北部有油,石油河背斜就是一个含油构造,给予必要的条件就能证实其有开采价值。

那时的上海、南京已经被日军占领,他们只好绕道四川、重庆,于1938年4月来到国民政府的临时首都重庆。马文·韦勒和孙健初向时任经济部部长兼地质调查所所长翁文灏报告了考察情况。之后不到两个月,翁文灏便作出决定,收回中国煤油探矿公司在西北三省的石油开采权,成立了由资源委员会领导的甘肃油矿局筹备处,并立即派出一支有孙健初的勘探队。1938年12月,严爽、孙健初、靳锡庚等在酒泉租用22峰骆驼,驮着测量仪器、帐篷、行李及部分生活用品浩浩荡荡地向老君庙进发。勘探队到达老君庙后,继续对石油河背斜进一步勘探。

倚着老君庙,他们搭起了一座蒙古包,算是安了"家"。这

△ 玉门油田早期开发者骑着骆驼到玉门老君庙

个"家"的功能很多,既是办公室,又是宿舍,还兼作厨房。大家睡觉的方式也很独特,中间架个煤炉,炉子周围铺上厚厚的麦草,大家头顶头、脚对脚地睡成了一圈。躺在蒙古包里,听着蒙古包外风吹枯草的簌簌声,大家都睡不着。严爽带头说了一句:"今后一天能出5桶油就不错了!"孙健初接着说:"将来若能打出一口自喷井就好了!"靳锡庚说:"你们俩的想法都不错。不管谁的说法,只要能够实现,都是再好不过的。"这就是玉门油田开拓者的向往。在今天看来,这个目标微不足道,但在抗日战争时期急需石油,而全国没有大油田的情况下,已是很大的奢望了。从石油河、上油泉、角塘沟、三橛湾、马莲泉到红沟河坝,

△ 孙健初的《修正甘肃玉门油田地质报告》和《祁连山一带地质变迁史略》

均留下了他们的足迹和汗水，获得了大量的一手资料，为玉门油田的开发奠定了坚实的基础。

1939年8月，由孙健初测定的第一口油井老一井*钻探出油。玉门油田这颗深藏地下的明珠终于绽放出夺目的光彩，从此揭开了中国石油工业划时代的一页。老一井日产原油10吨左右，在抗日战争和解

* 1987年8月，玉门油田为老一井立碑，记载了老一井的沧桑历史，后成为中国石油企业精神及玉门优良传统教育基地。2001年，在北京中华世纪坛青铜甬道1939年大事记中，老一井出油的历史时刻被刻载成铭文"甘肃玉门油矿第一号井出油"，成为中国人民的永久记忆。2013年3月，老一井被国务院命名为全国重点文物保护单位。

放战争中发挥了重要作用。直到1962年油竭停产，老一井累计产油846吨，产气17.73万立方米。

经过翁文灏等爱国人士*的奔走斡旋，国民政府决定勘查开发玉门的石油资源后，一批爱国知识分子抱着产业报国的坚定信念，身披大漠长风，来到祁连山下、老君庙前，在穷塞绝域之地建起矿场，支援抗战。

在中国石油工业发展的历史长河中，翁文灏、翁文波、翁心源所在的浙江鄞县的翁氏家族与玉门油田紧紧连在了一起。

翁文灏是中国近代地质学、地理学奠基人之一，中国地质事业的创始人之一，中国第一位地质学博士，国民政府中央研究院首届院士；曾任国民政府地质调查所所长、资源委员会主任委员、经济部部长、行

* 《数说玉门》中列出玉门油田的10位石油先驱，分别是翁文灏、孙越崎、孙健初、严爽、金开英、邹明、靳锡庚、郭可诠、翁文波、陈贲。其中，翁文灏是中国近代地质学、地理学奠基人之一，孙越崎是中国现代石油工业和煤炭工业的奠基人之一，孙健初是中国石油地质学的奠基人之一、玉门油田的开拓者。

△ 翁文灏

第1章 地质考察爱国志士建功玉门　009

政院院长；中华人民共和国成立后曾任全国政协委员、中国国民党革命委员会中央常委等职。毛泽东曾称翁文灏是一位有爱国心的人士。

翁文灏的地质科研生涯一大半在考察的路上。1920年12月16日，甘肃东部发生8.5级特大地震。次年年初，他带病率队前往灾区考察，以骡马代步，长途跋涉，极为艰难。这是中国人第一次对河西走廊一带进行科学考察。考察期间，他派学生谢家荣到玉门，对那里的石油地质进行勘探，并撰写了《甘肃玉门石油报告》。

翁文灏出任地质调查所所长后，将石油地质调查作为主要工作，多次组织调查员到各地考察。他对孙越崎说：你知道我国的主要资源有煤也有铁，而唯独缺油，全依赖进口。一个国家如果没有石油是难以立国的。一旦中日开战，海口被封锁，石油进不来，内地用油就很成问题了。

九一八事变后，翁文灏加紧了对石油地质的考察，凡有石油情况的报告必派人去调查。抗日战争期间，在他的主持下，资源委员会共投资近19亿元（战前币值约1178万元）勘探石油、发展中国石油工业，其中仅玉门油田的投资即达14.5亿元（战前币值约1030万元），占全部投资总额的87%。在抗战后方出现严重缺油的情况时，他积极策划并组织石油代用品生产，供应军需民用，支持抗战。

翁文波是石油地球物理勘探、测井和石油地球化学技术的创始人，翁文灏的堂弟，1934年毕业于清华大学物理系，1939年获英国伦敦帝国大学哲学博士学位。他是我国著名地球物理学家、石油地质学家、知名预测论专家，中国科学院院士。他因参与勘探大庆油田而荣获国家自然科学奖，曾任第三届全国人大代表和第五届、第六届、第七届全国政协委员。

1939年，翁文波辗转回到祖国，在重庆中央大学任教，并开设了地球物理勘探课程，培养了中国第一代地球物理学人才。他在授课的同时到四川石油沟的巴一井进行测井实验，得到了电阻率曲线。这是我国历史上第一次利用电测技术测井，开创了这一技术在我国应用的先河。1941年5月，翁文波来到玉门，开始勘探石油。他利用测井技术指导钻探，提高了原油产量，当时玉门油田的原油产量占全国总产量的90%以上。

1945年，翁文波组建了我国第一支重磁电测量队，带领20多名队员，在东起张掖、高台、酒泉，西至玉门、安西、敦煌等地区进行重磁力普查勘探，深入祁连山和北山做区域剖面，并沿线观察地质露头，完成了《甘肃走廊西部重力测量提要》，绘制了河西走廊十万分之一的地质、重力综合图。1946年6月，翁文波任中国石油公司勘探室主任，前后组建了两个重磁力队，历时两年，对台湾岛3.6万平方千米的区域进行了一次重力勘探。

中华人民共和国成立前夕，他冒着生命危险，穿越国民党军队层层防线，成功把我国第一台地震仪主体部分保护下来，为中华人民共和国地震勘探事业的发展做出了突出贡献。20世纪50年代末，翁文波参加大庆会战，指导大庆地球物理勘探部署。1959年，他主持建立了我国第一个海洋地震队。翁文波因对大庆油田勘探的重大贡献获得了我国最高级别的国家自然科学奖，因对石油工业的突出贡献获得了"石油工业杰出科学家"称号。

早在1940年3月，翁文波就提出了用地球物理方法勘探玉门石油的计划。他和助手赵仁寿在设备、仪器匮乏的条件下，用废旧材料自制改装了罗盘磁变仪、电测仪等，在石油河、甘油泉、石油沟等地进行地球物理勘探，开创了中国石油地球物理勘探的先河。

1945年10月5日，中国第一支野外重磁力测量队在老君庙油矿成立，翁文波任队长，成员有丛范滋、汤任先、李德生等。这支测量队完成了《甘肃走廊西部重磁力测量提要》，绘制了河西走廊十万分之一的地质、重磁力线综合图20幅，并完成了大量勘探工作。

翁文灏的儿子翁心源堪称中国第一条伴热输油管道和油气储运工程奠基人。

1942年，玉门油田的原油年产量超过46000吨。要把这些石油送出去，运输是个大问题。地处西北荒原的玉门油田交通极不便利，不仅机械设备、生活用品需要马驮车运，而且产出的原油和炼出的汽油、柴油也要一车一车地运往各地。由于运输能力的限制导致油田的开发和油品销售都受到极大影响。

从事铁路建设的翁心源受父亲翁文灏的指点，改行从事油管运输行业，成为我国第一位学习和从事石油储运专业、专攻石油管道技术的工程专家，是中国石油储运工程的主要开拓者和奠基人。

1944年，翁心源回国后，立即带上夫人和两个女儿长途跋涉从重庆来到玉门油田。一到油田，他就开始设计监造从八井

△ 翁家的3位传奇人物翁文灏（左）、翁文波（中）、翁心源（右）

区输油总站到四台炼油厂的输油管道,当时油田派了一位名叫周赓谟的工程师给翁心源当助手,经过艰苦的奋斗,中国第一条输油管道终于建成了。这条管道不仅缓解了当时原油运输的压力、积极支援了抗战,而且确立了翁心源中国石油管道运输奠基人的地位。

翁家的3位传奇人物虽然经历不同,但他们都在国家的感召和民族的呼唤中踏上了为祖国奉献的石油道路,迎来了中国石油工业的新纪元。

孙越崎被称为"中国工矿泰斗",他在中国现代能源工业发展中做出的贡献奠定了其名垂青史的地位。

孙越崎领导了玉门油田、延长油矿的开发建设,他对中国能源工业和中华民族的伟大复兴做出了不可磨灭的贡献。1941年3月,孙越崎被任命为甘肃油矿局总经理,当年12月来到玉门。在孙越崎的领导下,玉门成了戈壁滩上一座充满生机和活力的石油城。1878—1948年,中国共生产原油67.7万吨,其中抗战时期玉门油田6年原油产量22.5万吨。延长油矿也是孙越崎在极为困难的条件下以惊人的毅力和超人的智慧建设发展起来的。这两座油田为中国现代化

△ 孙越崎

建设做了巨大贡献，至今仍在开采。同时，孙越崎在穆棱煤矿、焦作煤矿、开滦煤矿的建设上，为中国煤炭资源的开发利用也做出了十分重要的贡献。

孙越崎是工矿企业的领导者，也培养了一大批杰出的工矿管理专家和专业技术专家。孙越崎的成长经历十分有传奇色彩。他因在北洋大学（今天津大学）参加五四运动被开除，后转入北京大学，1921年从北京大学毕业后即到黑龙江穆棱煤矿与苏联专家一起工作了5年，在极其艰苦的条件下，孙越崎不仅学会了采煤和煤矿管理技术，而且养成了艰苦奋斗的精神和严谨扎实的工作作风。而穆棱煤矿越发展，孙越崎越感觉自己的知识不足，于是决心赴美留学。36岁的孙越崎考进斯坦福大学，学习两年后到旧金山考察金矿、到洛杉矶考察石油开采企业，这些经历对他后来在延长和玉门开采石油意义重大。1931年9月，孙越崎进入哥伦比亚大学矿业学院学习，导师带他考察了美国东部的许多煤矿。研究生毕业后，孙越崎又考察了英国、法国、德国的矿业，后经苏联回国，亲身感受了苏联实施五年计划的氛围，学到了以政治推动经济发展的经验。他所学的知识和经验为他回国后成为工矿泰斗奠定了基础。孙越崎将刻苦学习、艰苦奋斗的精神传授给了和他一起工作的人，后来的"铁人"王进喜就在玉门油田得到了孙越崎的教育和指导。而孙越崎从中华人民共和国成立前"带到"中华人民共和国成立后的科技人员中，成为两院院士的就有数十人，为开展全国地矿工作贡献了巨大的力量。

1991年10月24日，98岁的孙越崎在当年一起"起义"的国民党原资源委员会同事的一再请求下，提笔给时任中共中央总书记江泽民写信，恳请国家重新审议原资源委员会"起义"的性质。改革开放后，有些人的"起义"待遇仍未被落实。作为当年"起义"的领导者，许多人是在他的劝说引导下参加"起义"的，现在他自己得到"平反昭雪"，尽管年事已高，他依然要为共同参加"起义"的人奔走呼吁。江泽民收到信后非常重视，很快就派时任中共中央统战部部长丁关根到孙越崎家里进一步听取意见。丁关根告诉他：江泽民总书记要与他谈话，并准备请原资源委员会的同志到北京聚会。

1992年10月7日，中共中央政治局常委宋平会见了孙越崎等部分原资源委员会在京人员，次日新华社报道了此事。宋平当时说：在孙越崎等负责人的领导下，原资源委员会成员有组织、有领导地"起义"护产护矿，将所属工矿、企业和财产移交给人民、移交给中华人民共和国，是正义的爱国行动，是有功劳的。中国共产党和中国人民充分肯定原资源委员会负责人和工作人员的这一历史功绩。对孙越崎及原资源委员会"起义"的评价是代表中共中央作出的历史总结。

1992年10月，孙越崎百岁寿诞前，朱学范、钱伟长、程思远等20位科技界知名人士共同倡议设立孙越崎科技教育基金会，旨在纪念孙越崎先生 70 多年来为中国工矿事业做出的突出贡献，促进中国能源科技教育事业的繁荣与后备人才的成长。该基金会设立 30 多年来，支持和资助能源科技教育活动，奖励有突出贡献的科技人员，已经成为能源领域最有影响力的科技基金组织。孙越崎能源科学技术奖设置了能源大奖、青年科技奖、家乡教育奖和优秀学生奖 4 种奖项，每年评审、颁奖一次，现已累计奖励 3500 多人，能源大奖获得者中已有 30 多人成为中国科学院院士或中国工程院院士。

孙越崎"越"过所有"崎"岖坎坷，于 1995 年 12 月 9 日逝世，享年 102 岁。他的生命力如此顽强，无论什么艰难险阻都无法阻挡他前进的步伐。

孙越崎将国民党几乎所有"国有企业"及几十万工程技术人员保留下来交给了中华人民共和国，对于中国共产党领导的现代化建设事业贡献巨大。

抗日战争胜利后，满怀救国志的孙越崎以为自己终于等来了和平建设时代，准备大干一场。他辞去了四川 4 个煤矿和甘肃油矿局总经理的职务，以特派员的身份前往东北地区，主持接收东北的重工业，兼任行政院河北平津区敌伪产业处理局局长。

1947 年 7 月，孙越崎到华北和东北地区视察资源委员会所属工矿企业。到东北后，他看到国民党军队士气低落、节节败退，共产党军队士气高昂、深得人心、节节胜利，逐渐认识到：

△ 钱昌照

国民党的败亡，共产党的胜利，基本已成定局。国家建设、民族复兴的重任必将落在中国共产党的肩上。

1948年10月，国民党政府全国工业总会在南京召开。孙越崎事前未与任何人商量，会议期间召集资源委员会各地负责人秘密开会，商议把资源委员会留在大陆。会上孙越崎明确表态："我终于明白在国民党下面是没有出路的，去年我把东北一些工矿企业的负责人撤到关内是个错误，工程技术人员离开企业还能发挥什么作用？现在中国共产党胜利在望，我们难道还要继续跟着这个腐败政府一路走下去，跟他们一起毁灭吗？"他在会上说："我们这些人，都是学工程技术的，都怀着工业救国的理想，在抗日战争开始前就参加了中国的工业建设。资源委员会现有的工矿企业是中国仅有的工业基础，我们有责任把它保存下来。"他要求资源委员会所属企业的全体员工"坚守岗位、保护财产、迎接解放、办理移交"。这次会议成效显著，会后，分散在全国的资源委员会各厂矿企业、32000多名职员及数十万技术工人有组织地开展活动，与当地国民党政府、军队百般周旋，最终全部留在原岗位，护厂护矿迎解放，为百废待兴的中华人民共和国保存了一批重要的重工业家底和大批物资。

1949年1月，孙科辞去国民党行政院长职务，由何应钦担任，孙越崎依旧担任政务委员和扩大的经济部部长兼资源委员会主任委员。身处这个职位也为他将资产留下提供了便利。他还在原资源委员会内多次公开表态要留在大陆，这坚定了所有选择留下来的人的信心。1949年3月，经济部下属的中央地质调查所所长李春昱和各研究室主任向孙越崎汇报工作，称所内绝大部分人都不愿按国民党政府的要求南迁，想要留在南京保护图书资料、仪器设备及房产。孙越崎对此表示支持，说自己也不打算离开大陆，并给了他们一些资金，以维持他们的生活。后来任中国科学院院士、地质矿产部副部长的程裕淇回忆说："孙老的表态对旧中国最主要的地质科技机构几乎100%转移到新中国起到了决定性作用。"

中国人民解放军接管南京、上海后，原资源委员会的人将蒋介石要求运走的企业设备、各种资产完整交给中国共产党。1949年5月28日，陈毅来到位于上海的原资源委员会办公地，向原资源委员会的全体人员讲话。陈毅说："我们对资源委员会的工作有所了解，你们是主管国营工、矿、电等企业的一个全国性机构，毛主席很重视你们这个机构。""现在南京、上海都已经解放，蒋家王朝已经垮台，所有伪单位纷纷南迁台湾，伪中央部、会一级中，只有资源委员会所有人员，包括各级负责人，以及在已解放地区所属各厂矿企业员工几乎未走一人，设备器材几乎未有一点破坏，实在是伪中央文职机构中的一个全体员工起义的团体！"

实际上，孙越崎留给中华人民共和国的，是国民党政府从1932年成立的国防设计委员会到1948年的资源委员会，可以说是其十几年积累的全部家底，甚至可以说是国民党政府的全部国有企业，涵盖重工业、矿业、电力、制糖、造纸、化工等行业，共有121家总公司、1000多家大中型企业，60万~70万名工人，其中有20多万名技术工人，还有若干勘测设计类研究单位，3万多名技术和管理人员，3000多名海归专家。这是孙越崎及其领导的原资源委员会"起义"人员对中华人民共和国的贡献体现，也是中国共产党领导人一直对孙越崎极为尊敬的原因。

当然，实事求是地说，孙越崎领导原资源委员会全体人员"起义"，保护了民国时期经济建设的成果，孙越崎参加中国共产党领导的统一战线工作，后又加入民革组织，这也在一定程度上体现了中国共产党领导的统战工作的成功。孙越崎在国民党政府身居高位，一方面因为他在能源工业领域有突出贡献；另一方面基于创办玉门油田后蒋介石对他的信任和倚重。1949年年初，孙科接替翁文灏担任行政院院长重新组阁时，原本安排的资源委员会委员长是其好友吴尚鹰，但组阁名单送到蒋介石那里时，蒋介石把吴尚鹰的名字划掉了，重新写上了孙越崎的名字。后来孙越崎常说："论私，我是背叛了蒋介石；论公，我没有背叛国家。"

韦勒和孙健初等不畏艰险在中国西北地区找油，是玉门油田的开拓者。孙健初是第一个跨越祁连山的中国地质学家，他与韦勒一起探明并开发了玉门油田，建成了中国第一个石油工业基地，是中国石油地质的奠基人和玉门油田的开拓者。孙健初逝世后，玉门油田矿区中心为孙健初建碑，永志纪念。他是第一位以国家石油工业部名义立碑的人。

孙健初纪念碑于1954年7月24日在油城公园落成。碑高6.5米，底呈边长5.5米的正方形，顶呈边长1.3米的正方形。北侧上部镶嵌着孙健初遗像，中部镌刻着"孙健初同志纪念碑"8个金色大字，南侧为"孙健初同志永垂不朽"碑文，东西两侧刻有孙健初主要事迹年表。碑身坐落于6.5米见方、0.2米高的水泥台上，环围水刷石柱连接的栏杆。1966年9月，孙健初纪念碑被红卫兵毁坏。1980年1月，玉门油田作出重建孙健初纪念碑的决定，并于同年在原址按原图重建，1981年年初建成，现成为玉门石油工人缅怀先驱、教育后人的重要场所。2004年，孙健初纪念碑和老一井等作为玉门油田红色旅游标志被国家旅游局命名为"全国工业旅游示范点"，2011年被国家发改委、中宣部、财政部、国家旅游局正式列入全国红色旅游经典景区第二批名录。玉门油田成为见证中国石油工业史、传承爱国主义精神的红色旅游胜地，吸引了大量游客前来参观。

1937年，美国地质学家韦勒与孙健初结伴来到玉门，为玉门油田的开发做出了贡献。哈瑞特·韦勒（韦勒的女儿）于1991年应中国石油天然气总公司的邀请来访玉门。父亲去世后，哈瑞特用7年时间收集资料，写下《穿越戈壁的驼队》，并于1984年出版。这本900多页的书记录了韦勒来到中国，与孙健初骑着骆驼从酒泉到新疆吐鲁番的"探险"经历。年过六旬的哈瑞特很想到玉门看看父亲走过的戈壁荒漠。

1991年9月19日，哈瑞特来到玉门。她很惊讶：过去黄羊野狼出没、没有一间房屋的玉门，如今高楼林立，变成了一座现代化的石油城，"玉门人生活得很愉快"。在闻名石油战线的"603"采油岗位，哈瑞特留言："我很荣幸能来到我父亲54年前工作过的地方！"参观完老君庙矿史展览室，她说："这简直像一座历史博物馆！"到老君庙不能不留个影，照相机"咔嚓"一声，她兴奋起来："我是玉门人！"来到油城公园，她给孙健初纪念碑敬献了花篮，并深深地三鞠躬再三鞠躬。

到了离别的时间，哈瑞特说："我们虽然只相处两天多，但玉门人'热情、友好、直率'的性格给我留下了深刻印象。"她表示，回美国后将再版《穿越戈壁的驼队》，把这次在玉门感受到的都写进本书，并把孙健初1940—1942年在美国期间写给父亲的信装订成册，还要给这次陪同她参观访问的中国石油政研会会长、中国石油工业出版社社长张江一寄几封孙健初的亲笔信。

临行前，玉门油田相关部门向她赠送了纪念品，她眼含热泪："假如再有机会来中国，我一定还到玉门来！"

红色
工业

第 2 章
CHAPTER TWO

抗战烽火，一滴汽油一滴血

1937年抗日战争全面爆发，沿海大部分港口失守，海上交通中断，石油进口路径断绝。我国抗日战争大后方出现了严重的油荒，各地开始寻找石油的代用品，但这些都无法从根本上解决汽油严重短缺的问题，这时，人们喊出了「一滴汽油一滴血」的口号。1938年5月，翁文灏赴汉口拜访周恩来，商量调用延长两部德国进口顿钻到玉门钻探的事情。周恩来立即表示「同心为国，决无疑义，同意拆迁」，并指派第十八集团军驻武汉办事处处长钱之光具体办理。1939年8月11日，祁连山下玉门老君庙旁的一号井获工业油流。消息传出，全国抗日军民受到极大鼓舞，一批又一批爱国青年从四面八方奔赴玉门，投身石油开发。

在"洋油"断绝、"一滴汽油一滴血"的困难时刻，严爽、孙健初、靳锡庚等老一辈知识分子怀抱科学救国、实业救国的理想，牵着骆驼、搭起帐篷、披星戴月，在穷塞绝域开始了玉门油田早期的地质勘查和石油勘测。20 世纪 30 年代末，中国的第一口油井开凿于"石油河"——中国西部地区一条著名的河谷，这就是玉门老君庙旁的一号井。1939 年 8 月 11 日，老一井喜获工业油流，这也标志着玉门油田的诞生。从此，玉门的石油产品作为战略物资源源不断地被运送到前线。抗日战争期间，玉门油田共生产原油 25 万吨，占同期全国原油产量的 90% 以上，为中国人民抗日战争和世界反法西斯战争取得最后的胜利立下了汗马功劳，居功至伟。

△ 2015 年 9 月 18 日，纪录片《大后方》在中央电视台预告播出

中华人民共和国成立前，我国的石油工业发展极其缓慢。20世纪30年代，我国大陆只有陕北延长、新疆独山子两座小油矿，且产量很低。延长油矿1911—1937年共生产原油2842吨，独山子油矿年产原油40吨左右，这些油还不足全国需求量的10%。因此，当时我国燃料用油一直靠进口。

玉门油田是在抗日战争的烽火年代诞生和发展起来的，为中国抗日战争的胜利做出了特殊贡献。

抗日战争爆发前，中国的石油工业几乎是一张白纸，国内军需和民用石油产品都依赖进口。1937年，抗日战争全面爆发，侵华日军占领了中国大片领土，南京沦陷，国民政府迁至武汉，沿海港口相继失陷，石油进口通道基本断绝。没有石油，大规模的部队调动很难实现，重型军事装备难以发挥威力……抗日大后方出现了严重的油荒，各地纷纷寻找石油的替代品。在重庆，有人将天然气作为轮船的燃料，有人用木炭来发动公共汽车，其他地方纷纷办起了酒精厂、用植物油提炼汽油的燃料厂……但这些都无法从根本上解决汽油短缺的问题，并出现了"一滴汽油一滴血"的说法。

鉴于当时的危急情况，国民政府开始在国内寻找油田。当时，中国产石油的地方有4处：陕北延长、甘肃玉门（老君庙）、新疆独山子、青海柴达木。由于国民政府之前未对上述油矿提起足够重视，因此这些油田的产油量少、生产落后。1939年3月，老君

△ 1939年3月，玉门油田从延长油矿调来两部德国和美国制造的木制钻机，钻井井深可达200米

庙油田第一口油井开挖成功，每天可出原油3~4桶（2吨左右），这引起了国民政府的关注，并把目光投向了玉门老君庙。

玉门有油已成为共知。相传，1700多年前的西晋初年人们就发现玉门有石油。20世纪以来，一些西方地质学家曾在那里采过油样，发现"油质甚佳"。1920年年底，中国地质学家翁文灏等人经过实地调查还写了关于玉门油田地质情况的报告。此后不断有人建议开发玉门油田，且此事还曾得到国民政府实业部的肯定，但由于政府不出钱、地方不积极，所以开发玉门油田的事情就一直议而不决。直到抗日战争时期，全国到处都在闹"油荒"，开发玉门油田再一次被提到国民政府的决策议程。在推动国民政府开发玉门油田的决策阶段，翁文灏发挥了关键作用。翁文灏时任国民政府经济部部长、资源委员会主任委员。1938年6月，他听取了地质学家孙健初探勘玉门油田资源的汇报后，拍板决定在汉口成立甘肃油矿筹备处，具体负责玉门油田开发的各项筹备工作。

在严重缺油的情况下，为了支持抗日战争、解决"油荒"，人们的目光再次聚焦玉门。在孙健初、韦勒、萨顿等中外地质学家地质勘探的基础上，翁文灏等爱国人士奔走斡旋，国民政府最终决定勘查开发玉门的石油资源。甘肃油矿筹备处成立，首要工作是在玉门打几口"发现井"，确定具有开采价值的石油及开采的具体方位。要打"发现井"就要有钻机，但钻机从哪儿来呢？从国外购买，一无资金，二无渠道，而且远水也解不了近渴。几经思索，原资源委员会决定拆运陕北延长的钻机设备。

1934年，国民政府成立了陕北油田勘探处，在延长和永坪均设有办事所，并从德国和美国进口钻探设备和器材，先后打了7口井，虽然均显示有油气，但没能从根本上解决问题。延长是中国最早产油的地方。民国初年，北洋政府与美国的美孚洋行签订了《中美合办油矿条约》，后来，中美合作油矿公司在陕西打了7口井，其中两口井出了油，但油量一直不多。1933年前后，翁文灏曾派地质专家到陕北进行过调查。1935年，孙越崎又带人到那里打了几口井，获得了工业油流，还通过蒸馏法炼出了汽油、柴油。一年后队伍扩大，组建了两支钻井队。1936年5月，陕北红军驻扎在延长一带。油矿虽然换了主人，但生产一直在正常进行。抗日战争全面爆发后，国共两党达成合作，开发玉门油田也就成了两党共同的事。"当时最棘手的问题是缺少钻机。放眼国外，先进的钻机有的是，但一是价格昂贵，买不起；二是沿海各港口沦陷，战事连连，即使购买了钻机也很难运回来。"面对这样的局势，考虑到事情的紧迫性，翁文灏想到了向周恩来求助。翁文灏去找中共驻汉口代表周恩来。他开门见山地说明了开发玉门油田对于抗日战争的意义，希望能得到中国共产党及陕甘宁边区政府的支持。

在此之前，翁文灏与周恩来有过接触，了解这位中国共产党人的做事风格，此外，当时中国共产党管辖的延长油矿有几台较为先进的钻机。若能如愿，老君庙油矿即可大幅提高产油量。1938年5月，翁文灏赴汉口拜访周恩来，商谈调用延长两部德国进口的顿钻到玉门钻探一事。见面后，他非常谨慎地提出了借用延长油矿钻机的事情。没想到周恩来听后立刻答应了，"这是关系支援抗战的大事，开发大后方石油，我们一定全力支持，翁先生尽管放心，可以尽快派人去调运。"还意味深长地说："你们开发老君庙油矿，共产党是非常赞同的。困难当前，日寇正在中国土地上横行，无论是共产党还是国民党，都应优先联合抗日。请翁先生相信，共产党是爱国的！是看重国家前途和民族利益的！我们会积极支持你们一切正义的行动。"周恩来当即指派第十八集团军驻武汉办事处处长钱之光具体操办。

几天后，周恩来正式通知翁文灏就确定调运延长油田两部钻机的计划方案，双方再次会晤并进行所有细节的敲定。随后，周恩来代表中国共产党向原资源委员会下了正式通知，还主动提出：办油矿需要特殊工程技术人才，延长油矿的工程技术人员也可以一起去开发玉门油田，早一天出油，就早一天为支援抗战做贡献。为了防止出现意外，周恩来还给西安八路军办事处和延安发了电报，请相关人员协助原资源委员会调运钻机。

1938年6月，原资源委员会组建了甘肃油矿筹备处。对此，1948年6月1日的《中国石油有限公司两年来工作概要》中写道："甘肃油矿之石油蕴藏，久见载籍……及至二十六年抗战军兴，国际交通梗塞，而汽油需要浩繁，供应问题，顿形严重，其时陕北、四川两地勘探未见效果，资源委员会鉴于此因……组织甘肃油矿筹备处。"紧接着，原资源委员会致函武汉八路军办事处，提出将派遣甘肃油矿筹备处代主任张心田前往延长办理钻机交接事宜。

第十八集团军驻武汉办事处处长钱之光请示周恩来后即电复翁文灏："此事已由周恩来电令八路军西安办事处林伯渠同志全力协助办理。"翁文灏接电后十分感动。不日，张心田一行即赶赴陕北，受到陕甘宁边区政府副主席高自力、陕甘宁留守兵团司令员萧劲光的热情接待。陕甘宁边区政府第三局和八路军后勤部军工局派出熟练技工陪同张心田赶赴延长油矿，协助拆装设备。拆装过程中，陕甘宁边区政府帮助解决了很多具体困难，从钻机到动力设备，从钻头到钻具，全部配齐，保证设备一到玉门即可安装开钻。延长的两部钻机拆装完毕，而国民政府却无力派遣运输车辆，这可急坏了押运钻机的张心田。他在想了许多办法都不奏效的情况下，紧急电告翁文灏，翁文灏经多番协调，仍不能解决问题。万般无奈，他再次求助周恩来。周恩来得知详情后对他说：好，我帮你办。这不叫帮忙，这是我们应该做的事情。随后，周恩来电告八路军后勤部：无论如何想办法把钻机运到兰州。当时，八路军将士在前线作战，运输车辆非常紧张,后勤部车辆不多,困难很大。但考虑到这是支援玉门油田建设的钻机,他们克服一切困难,先后派出13辆汽车将两套钻机及配件悉数运到咸阳。在装运过程中,由于钻机放置的位置不靠近公路,陕甘宁边区政府又发动了当地百姓把钻机搬到公路边。1938年12月,钻机被运到了酒泉。1939年5月,两部动力为25马力*、可钻200米深的冲击型钻机先后运抵玉门油田。

* 马力:功率计量单位,1马力≈0.746千瓦。

在周恩来的关心下,除了两台顿钻钻机,陕甘宁边区政府还从延长油矿抽调了20多名技术工人支援老君庙油矿的勘探开

△ 1939年3月13日,一号井开钻,发现"K"油层

发。1939年5月6日,从延长调来的钻机正式投入使用。经过几个月的艰苦奋战,1939年8月11日,祁连山下玉门老君庙旁的一号井获工业油流。仅用了90多天,老君庙一号井的钻进深度达115.51米,发现了"K"油层,日产原油10吨左右,这揭开了玉门油田开发的序幕。消息传出,全国抗日军民受到极大鼓舞,一批又一批爱国青年从四面八方奔赴玉门,投身油田开发的行列。

油矿筹备处就是用上述两部钻机连续试打了6眼"发现井",井井见油,这证明玉门油田具有工业开发价值。两部钻机打出的第一批油井不仅为抗日战争增添了一份力量,而且成为国共两党成功合作的范例。从此拉开了开发建设玉门油田的序幕,书写了中国现代石油工业的新篇章。

玉门油田的开发是抗日战争时期大后方工业建设中最重要的工程,也是当时投资最大的项目,为增强中国实力、争取抗日战争胜利贡献了重要力量。当时,很多人对开发玉门油田持怀疑甚至反对态度,认为在那样的环境和条件下,即使能开采出石油也很难在抗日战争时期发挥作用。然而,众多爱国的科学家、工程技术人员、管理人员和石油工人不畏艰险、埋头苦干,克服了戈壁荒漠自然条件恶劣、位置偏僻、交通不便,以及1941年井喷大火和1942年特大洪水等艰难险阻,在短时间内取得了巨大成功,在西北荒漠上建起了中国第一座石油工业城。1939—1945年开发钻井 61 口，生产原油 7866 万加仑*，炼产汽油 1303 万加仑、煤油 511 万加仑、柴油 72 万加仑，在支撑抗日战争运输中发挥了重要作用。

> * 加仑：英美制容积单位，1 加仑（美）=3.785 升；1 加仑（英）=4.546 升。

大规模地开发玉门油田，最难解决的还是资金问题。

1940 年 9 月，原资源委员会副主任委员钱昌照、中国银行总稽核霍宝、玉门油田总经理孙越崎、西北公路局局长宋希尚等到玉门油田调查，并与严爽等一线技术管理人员商量，草拟了一份开发玉门油田的计划，估算需要 500 万美元。在抗日战争时期，让政府拿出这么大一笔钱显然不是易事。果然，计划和预算一提交行政院就遭到不少人反对。教育部部长朱家骅说，他之前去敦煌视察，回程路过玉门就去看了一下，在那片草木不生的荒野戈壁上，要开发油田生产汽油，在抗战期间很难用上。现在外汇这样紧缺，有限的外汇应该用来购买兵工器材，不应该用在远水救不了近火的石油开发上。朱家骅早年留学德国，学的是地质学，他在石油开采方面是行家，他的话很有影响力。随后，陈果夫、徐堪等也发声赞同朱家骅的观点。翁文灏坐在会场，见到会上的意见一边倒，知道再说什么也无济于事，便一言不发。翁文灏知道，关键人物是行政院院长兼财政部部长孔祥熙。为此，翁文灏和孙越崎到孔府拜访。

翁文灏与孔祥熙很熟，但孙越崎是第一次到孔府。翁文灏向孔祥熙介绍:"开发玉门的计划和预算是孙先生做的,现在请孙先生向院长汇报一下情况。"孙越崎便把开发玉门油田的计划简要地汇报了一遍,然后说:"这是功在千秋的事情,院长批准了,历史上会记下您这一笔的。现在主要的难题是500万美元的经费,如果院长批准了,我们不会浪费一分钱,这方面可以请翁部长监督,这样院长总可以放心吧。"

也许是"历史上会记下您这一笔"的说法打动了这位"财神爷",孔祥熙笑着说:"请翁部长监督,这话说得好,我当然放心,我看翁部长要你做总经理很合适,我也很同意。"说着便痛快地在他们的计划书上签了字。

为了尽快生产出石油产品支援抗战前线,甘肃油矿筹备处四处搜购器材设备建造炼油装置。截至1939年年底,共加工原油71.5吨,生产汽油11.6吨、煤油13吨、柴油23.5吨,并通过运送物资抵矿返渝的空车将玉门生产的汽油、煤油、柴油运往重庆等地,使抗战大后方第一次用上了国产的石油产品。此事在当时引起了轰动。

1941年3月16日,为了扩大玉门油田的生产规模,生产更多的石油产品,原资源委员会决定撤销甘肃油矿筹备处,在重庆成立隶属于原资源委员会的甘肃油矿局,局址设在重庆牛角沱26号及上清寺29号,孙越崎被任命为总经理。孙越崎上任后,立即在重庆招兵买马、筹备物资。油田加紧组织生产,增加出油井的数量，扩大炼油厂的规模，加快辅助设施的配套，同时加速培养石油人才，玉门油田进入高速发展期。

抗日战争期间，在西北的荒漠上建造一座大型油田，其困难常人难以想象。为了大规模开发玉门油田，原资源委员会向欧洲和美国采购了大批钻井设备。从欧洲购买的设备原计划用轮船运到越南海防港，但美国多个港口被日军占领，部分设备只好运到仰光。不料，仰光仓库被炸，几经周折，4500吨的设备运到玉门只剩350吨，仅能拼凑出三套半钻机。而从美国订购的其他炼油设备一点儿都没能运到玉门。

进口设备指望不上，只能靠自己制造钻井、采油等设备。这自然要克服重重困难。首先是材料短缺，特别是没有钢材。抗日战争时期钢材是奇缺物资，为了找到钢材，孙越崎四处奔走搜寻。他听说重庆附近的长江里有一些过去的沉船，船体就是一块块钢板，他便马上组织人去打捞。打捞上来后把船上的钢板切割下来。他听说宜昌附近的江底有被日机炸沉的钢管，又赶快带人去抢捞。重庆一些内地迁来的工厂里堆放的废钢铁也被他带人搜罗一空。

有了钢材，还要解决设计和制造的问题。抗日战争初期，上海等地向重庆迁移了不少机械加工厂，但这些工厂只能制造一些小型机械，根本做不了石油开采用的钻机、套管及高压设备，即使照图仿造也造不出来。所以，油田只能向他们订购普通的机床、水泵、油泵、阀门管件等，一些专用设备只能靠自己组装加工。那段时间，孙越崎带着工人到处找材料、买配件，从钢板到钢管，从螺丝到钢丝，没有不紧缺的。将这些材料和零配件找齐后，再用汽车将其运到戈壁深处的玉门老君庙，其中的艰辛难以言表。

油田上下团结一心，克服了千难万险，终于将搜集到的废旧钢材和各种零配件组装加工成了一台台钻机、抽油机、发电机和炼油炉。依靠这些设备，油田硬是在千里戈壁上打出了原油。到1941年，玉门油田生产原油11.812吨。1942年，原油产量较上一年提高了9倍，占当时国内石油总产量的90%以上。在原油生产的基础上，油田炼油厂不仅能炼制汽油、柴油等成品油，而且能炼制专供飞机使用的航空汽油。后来美国空军从成都起飞轰炸日本东京用的就是玉门油田生产的航空汽油。

当时，铁路还没有修通，油田运输全靠汽车。1939年3月，油田购买了第一辆汽车，随着运输任务加重，汽车的数量越来越多，到1941年，玉门油田已拥有540辆汽车，这在当时算是一支相当庞大的运输力量了。但由于路面坑洼不平，汽车受损严重，且战时汽车配件奇缺，待件停修的汽车常有半数。

玉门油田的运输线南起云南昆明，北达新疆乌苏，跨越西南、川陕、西北等地，公路干线长5000千米，其中以重庆到玉门的2500千米为油品南运主干线。在这些线路上，油田设立了多处运输站，主要负责保养公路，还可以供过往司机住宿休息等。出了嘉峪关 30 千米处有个村子叫赤金堡。村旁的路很陡，油田的汽车每次开到这里都很费力，这成为石油外运的"卡脖子路"。为了疏通运输大动脉，孙越崎便找到驻守当地的军队长官马步青，请当地驻军帮忙修路。马步青是青海"土皇帝"马步芳的哥哥，时任第四十集团军副总司令。孙越崎与马步青讲好，油田只管修路士兵的伙食，不再出工钱。为了鼓励马步青，孙越崎还说："你的号名不是青云吗？那么这条路修好以后我们就给它命名'青云路'，你看好不好？"这一招果然很灵，马步青痛快地答应了。随着马步青的一声令下，公路两侧搭起了密密的军用帐篷，第四十集团军出动大批士兵，很快修好了"卡脖子路"，于是这条路便被命名为"青云路"。

1942 年 11 月，油田又探索出羊皮筏运油法。即将 360 只羊皮胎绑在木杆竹棍上制成羊皮筏，每个筏子上可装 168 桶汽油，约 24 吨。先用汽车将油品运到广元，上船经涪江、嘉陵江到重庆。每年至少可运 8 次。这种运输方法既安全又经济，在一定程度上解决了油品运输困难的问题。

1942 年，玉门油田的原油年产量超过 46 万吨，生产汽油 180 万加仑。生产的汽油、煤油、柴油除供给行政院液体燃料委员会、航空委员会、驻华美军总部、军政部交通司、辎重兵司令部、第八战区兵站总监部、陕甘战区司令部、军事委员会战地服务团等军政部门外，还先后在甘肃、陕西、四川、贵州、云南等省设立了油品分销机构，面向市场销售玉门的油品。其销售盛况有所记载："抗战军兴，海疆封锁，外油几频断绝，本局营业蒸蒸，乃一时之特殊现象，因供求之极端失衡，各界用户迫切需要，不得不跋涉荒凉，前来接洽，面交上级机关之函电，亦带恳求之意，油款先付与后付，情皆自甘，数量更不计较，只要有油可给，即可满足。提油之车，盛油之桶，莫不用户自理，无须我方预售。"玉门油田源源不断地提供各类油品，不但缓解了抗日战争时期大后方的油荒，而且直接支援了抗战。

1943年，日军企图强渡风陵渡，入侵陕西，由于玉门油田提供了充足的汽油，运输部门及时将苏联支援的大炮从新疆运到前线，从而击退了日军。1944年，美国空军的飞机使用玉门油田提供的汽油，从成都起飞轰炸日本东京和被日军占领的唐山林西发电厂，给予日本侵略者有力打击。

随后两年，玉门炼出的汽油年产量均保持在200万加仑以上。玉门所产油品陆续运往抗日战争前线，还将油品运往部分地区销售，对缓解抗战大后方的油荒、维持战时后方交通运输发挥了重要作用。

1939—1945年，玉门油田累计生产原油25万多吨，除将部分原油运往一些地区加工外，还自炼汽油、煤油、柴油5万多吨，为夺取抗日战争的胜利做出了巨大贡献。

△ 玉门油田老一井遗址

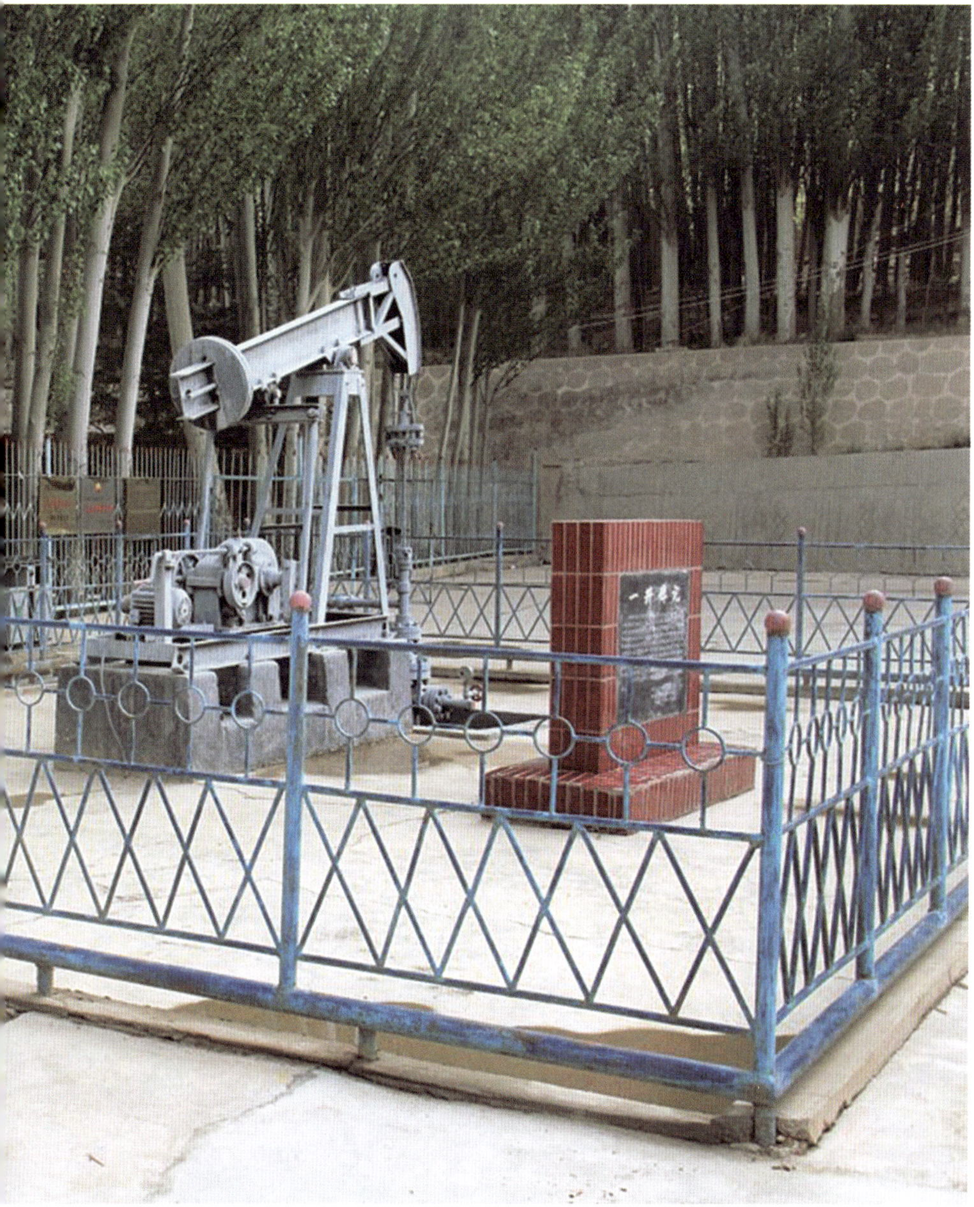

红色工业

第 3 章
CHAPTER THREE

护矿迎解放，
红色石油工业从这里走来

在玉门油田矿史展览馆里,有一张珍贵的老照片。照片的主人公叫王道一,他是玉门油田第一个党支部的三名成员之一。

王道一是上海崇明人，1938年在四川加入中国共产党。1939年，受中共长江局川东特区区委委派，到玉门油田从事秘密活动。这年冬天，在酒泉城区邮电街口一个出售进步书刊的书店，他认识了在酒泉从事情报工作的刁德顺，后来两人成了朋友，但他们并没有相互告知真实身份。刁德顺，新疆伊犁人，1935年被保送清华大学，曾参加过"一二·九"学生运动和平津学生南下宣传团活动，1936年加入中华民族解放先锋队和中国共产党。1937年在延安抗日军政大学学习期间被毛主席接见。1938年1月，刁德顺受中共甘肃省工作委员会派遣，秘密来到酒泉做情报工作。

1939年春，甘肃油矿筹备处在酒泉成立，玉门油田开始建设。为了掌握更详细的情况，经与中共甘肃省工作委员会书记孙作宾信件沟通获批后，1940年9月，刁德顺到玉门油田开展工作。这一年，刁德顺、王道一又认识了随孙健初来的一位工程师，名叫陈贲。

1941年，经中共甘肃工作委员会密电介绍，3人才知道彼此都是中国共产党员，是上级组织派到老君庙开展工作的。1941年4月的一个夜晚，经中共甘肃省工作委员会同意，他们成立了3人秘密党支部，并取名为"中共老君庙矿区支部"。玉门油田的也是中国石油的第一个党的基层组织从此诞生,中国石油的红色基因开始孕育。

1941年秋,南方局常委、新华日报社社长潘梓年根据中共南方局书记周恩来指示派该社田伯萍(化名田君实)、丁毅(女)、宁汉戈(化名林禾民)、丁西成、黄小穆、孙铭勋、高德藩7名党员,由重庆赴玉门油田,建立了中共甘肃油矿局子弟学校党支部,田伯萍任党支部书记。

这两个党支部的党员在工作中深入工人群众,宣传党的抗日民族统一战线政策,批判日军法西斯残暴野蛮行径,提高工人群众的阶级觉悟,号召他们团结起来,反对压迫和剥削;向工人群众传授文化知识,教唱抗日歌曲,撰写宣传抗日的诗文,传阅进步书刊;搜集科技情报及敌特活动情况。这一系列活动为玉门油田埋下了红色的火种。

玉门油田解放前夕,全体职员为了防止国民党的破坏,开展了英勇的护矿斗争。1949年9月25日下午4时,人民解放军装甲部队进驻矿区,使国民党的破坏阴谋无法得逞。这一宝贵的国家财富,在大家的共同努力下,完好无损地保存了下来。

1939年,老君庙出油后,国民政府资源委员会从宜洛、高坑、萍乡煤矿等地调运钻机和其他设备支援玉门油田,并从各地抽调技术人员、管理人员,招收工人,以加快玉门油田的开发步伐。截至1940年年底,玉门油田的职工总数达790人,其中就有王道

△ 人民解放军装甲部队进驻玉门油田，受到群众欢迎

一、陈贲、刁德顺、孙馨沛等。

1949年5月，时任甘青分公司经理邹明按照孙越崎的嘱咐，着手护矿，大量购买粮食和日用品，筹集黄金和银圆约合30万元，掩埋设备，组织护矿队，保护油田。护矿工作主要抓3件事：一是大量购运粮食，积储现金，抢运从上海等地购买的日用品、布匹等，以保障全矿员工及其家属生活所需。二是组织自卫力量。当时，油田的武装有国民党的一个骆驼兵团和一个高射炮连。另外，油田还有一个矿警大队。为了确保矿区安全，油田除派专人做好驻军工作外，还成立了由老工人组成的护矿队，以维护矿内公共秩序，对外称"自治组"。护矿队设有大队、中队和分队，甘

青分公司为大队，由矿场钻井工程师杨敏和炼厂工程师金克斌分任正副大队长，直接接受总经理邹明的领导；矿场、炼厂、公务组设中队，均有中队长、中队副队长，既受矿大队的指挥，又受各单位主管的领导；各基层单位设分队，且均有分队长、分队副队长，也被双重领导。全矿员工一听要成立护矿队，闻风而动，积极加入。三是为了防止火灾或遭到破坏，拟定面对紧急情况的护矿措施，如将矿区的30多口产油井用水泥、砖头围砌保护起来；炼厂员工把炼厂的主要机泵和贵重仪表拆下来隐藏；将空油桶装满砂子、石头叠三层，用钢条焊死，将成品油库和炼油装置保护起来。其他生产单位也采取了有效的措施，如把贵重的机器拆卸埋藏于山谷，并成立自治队放哨巡逻。

1949年8月，玉门油田及中国石油公司爱国人士孙越崎、邹明通过香港的中国共产党组织和北京的邵力子、钱昌照取得联系，电告玉门的情况，请求中国人民解放军解放兰州后早日到玉门。毛主席亲自批示要"保证玉门安全"。党中央随即命令进军西北的人民解放军尽快解放玉门。当时在张掖的人民解放军一野三军一面派团政治处主任黄诚提前进矿与油田护矿队联络，以瓦解守矿敌对势力；一面神速进兵，一野三军九师的装甲部队在军长黄新廷的率领下昼夜行军275千米。1949年9月25日5时，人民解放军装甲部队进入老君庙。届时，除生产值班者外，全矿人员集中到"检查站"（现解放门）外迎接。对于原来在油田的国民党驻军，黄诚坚持要等到解放军的部队进矿后才撤离，但骆驼兵团的一个营坚持要先离开油田。当晚，邹明等做了许多说服工作也没奏效，一时矿区的气氛紧张起来，东岗上的驻军竟架起机枪对准了矿场的油库，护矿队也将枪口指向了东岗。直到第二天，经邹明等人的反复劝导，还给了一些实物作为慰劳，才商量了一个折中的办法。

人民解放军装甲部队开到矿区，国民党的破坏阴谋无法得逞，这一宝贵的国家财富在大家的共同努力下完好无损地保存了下来。数月后，彭德怀特地接见了邹明，表扬其"护矿有功"。1951年3月，西北军政委员会为表彰油田解放前夕的护矿工作，授予其"发扬英勇护厂精神，为祖国建设事业百倍努力"锦旗。

1949年9月，玉门油田解放，党组织先后从部队和地方选派60多名干部到油田帮助发展，并组建党组织。同年10月，油田已有党员22名，经上级党委批准成立了中共甘青分公司总支部委员会，康世恩任总支部书记。下设军管会、四台区、矿场和工务组4个党支部。此时的党组织尚处于秘密状态。1950年1月，总支部按照"从群众运动中建党"的方针，结合所建立的工会组织，在第一批会员中，择优吸收入党。同月，油田公开建党工作。2月9日，40多名职工的入党仪式公开举行。8月，中共玉门矿务局委员会成立时，油田基层党组织已发展有1个党总支、11个直属党支部和15个党小组。

玉门解放后,党组织在恢复、改造与发展玉门油田的生产工作中体现了积极作用。1949年秋,玉门油田的党组织首先在员工中积极地开展党建工作,采取训练班的方式,集中对优秀工人进行党的理论教育,吸收了其中觉悟高的工人入党。随后,党组织又在一系列的民主改革、生产改革等活动中发展了新党员。

在中国共产党成立100周年时,中国石油天然气集团有限公司党组将玉门油田解放日——1949年9月25日确立为中国石油纪念日,寄望玉门油田学党史、开新局,开启"基业长青百年油田"新征程。玉门油田召开了中国石油纪念日暨玉门油田建设"基业长青百年油田"誓师会,这既是对玉门油田辉煌历史的深情回望,也是对建设"基业长青百年油田"的庄严宣誓。

△ 1949年10月,参加玉门油田庆祝解放集会的运输课车队

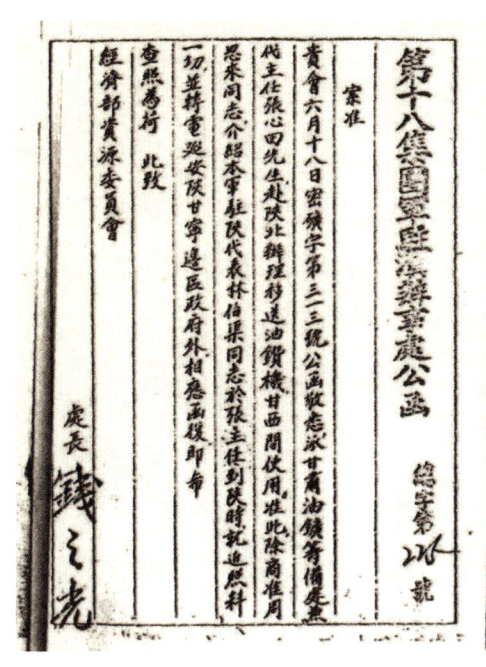

△ 1938年，由钱之光签发的第十八集团军驻武汉办事处公函

△ 西北军政委员会颁发的护矿锦旗

△ 1941年2月1日开钻的八井

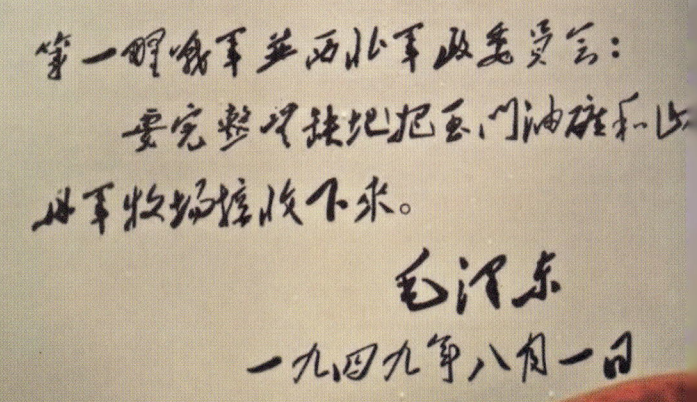

△ 毛主席的要求

第3章　护矿迎解放，红色石油工业从这里走来　053

红色工业

第4章
CHAPTER FOUR

我国"陆相生油"理论

玉门油田是中国第一个天然石油工业基地。作为我国第一座对形成『陆相生油』理论做出贡献的油田，玉门油田一直是我国石油科技的试验场，打破了西方科学家的『中国贫油论』……1939年，在孙健初等地质学家的带领下，发现了老君庙油矿，这标志着中国第一个石油基地的诞生，对形成和推动我国陆相油田的勘探理论和方法起到了重要作用。

1940年以前，玉门油田几乎都是用标准顿钻钻探K油层的。1940年后开始用德制两用钻机（旋转和冲击）钻探L油层，在原四号井（K层）加深探L层，后因井喷着火宣告失败。1941年，用两用钻机钻探八号井（L层）。因该井位于油层顶部，井浅油层压力大，且未用重泥浆，下套管未固井，所以刚钻入L层即遇井喷，开始时间歇喷油，钻入油层中部时即发展为强烈井喷。势头凶猛，响声震天，百米之内人不能入。巧的是八井附近有天然沟壑，上级当即动员全矿员工掘筑油池，油池注满则引入石油河。是时，石油河便成了真正的石油河。井喷虽不是什么好事，但其标志着玉门油田为高产油田，这一发现也着实令人振奋。老君庙八井井喷，时任总经理孙越崎没有处分人，而是给予了嘉奖，极大地调动了人们的积极性。

老君庙八井于1941年2月1日开钻，9月8日钻至439米时遇油层，伴有天然气，间歇喷油。10月22日钻至448.76米尚未穿过油层，接钻杆停运泥浆泵后，突然发生强烈井喷。连续喷油7天7夜。10月27日，井内可见部分岩层坍塌，喷势逐渐减弱。八井强烈的井喷证明L油层的存在。油矿局成立仅半年就取得重大突破，大家都很兴奋。1940年第四季度，孙越崎争取到了500万美元的拨款，便立即派张心田和重庆动力油料厂主任工程师萧之谦前往美国，订购了12套能钻1000米的旋转钻机、2台顿钻、40部抽油机、5部发电机，还有储油、输油设备等。

八井喷油近1年，其中有3次失控喷油，最多的一天喷油约

2500 吨，采原油超过 5.3 万吨。1942 年年底其停止出油，1943 年注水泥封闭。八井在老君庙开发 L 油层的历史上占有重要地位，证明了老君庙是一个储量丰富、具有开采价值的油田。同时，人们对井喷的危害有了直接的了解，对控制井喷有了一定的经验。

1938 年 12 月 23 日，筹备处主任严爽，地质学家孙健初，测量员靳锡庚，工人邢长仲、宿光远、刘万才、刘兴国等，组成了勘探队，他们骑着骆驼从酒泉出发，经过 4 天跋涉，于 12 月 26 日到达海拔 2400 多米的石油河畔。当时，在酒泉、嘉峪关一带流传着一首民谣：出了嘉峪关，两眼泪不干，向前看戈壁滩，向后看鬼门关。这是一个让意志薄弱者十行九返的穷塞绝域，但中国石油的开拓者在民族危亡之际坚定地踏出了寻油的脚步。他们在老君庙旁支起一顶简易的蒙古包，展开测量地形、勘察地质、确定井位等工作。

当时的条件极为艰苦。若干年后，靳锡庚回忆道：到老君庙的第二天就开始野外调查和测量。向西望去有一座 100 多米高的弓形山，我们决定去那里察看，但找不到路，只好沿着石油河西岸的峭壁向上爬。前面的人用镐挖出台阶，后面的人用力把前面的人托上去。费了九牛二虎之力，终于爬到了山顶……玉门的冬季常常刮起六七级大风，山高风大，野外工作时人都站不稳。气温降到-20℃，身上穿着又沉又厚的皮大衣，每走一步都气喘吁吁……每天在野外吃午餐，真可谓"风餐"。喝不上水，就到山沟里抓把雪吃。带出来的馒头冻成了冰疙瘩，就拔些骆驼草点燃烤一烤。这样的生活持续了几个月。就这样，1939年3月，他们完成了地质图、构造图多幅，规划了第一批8口井的井位。

1939年1月，从各地调集、招雇的员工先后来到玉门，从陕北拆运的钻机、器材也陆续到位。1939年3月23日，由孙健初确定的第一口井开始挖掘，27日挖至23米时出油1吨多，5月6日改用顿钻，8月11日钻至115.51米时探得18.33米厚的K油层，日产原油10吨左右。老一井的出油被载入中华世纪坛青铜甬道，拉开了玉门油田开发的序幕，也翻开了中国现代石油工业新篇章。

至此，证实了先前诸多地质学家的判断，正如孙健初预言：玉门，中国煤油之希望！他于当年10月完成了《甘肃玉门油田地质报告》，较系统地阐述了油田的情况。

与此同时，油田购买了70加仑的蒸馏锅，开始在石油河畔用简易炼油设施炼油，这也是中国现代炼油工业的开端。

在初步取得勘探成果的基础上，原资源委员会决定正式成立甘肃油矿局，并任命孙越崎为总经理，要求加深钻探，扩大勘探领域，提高原油产量；加速炼油厂建设，增加汽油、煤油等成品油产量。

1942年，油田全年生产汽油约5000吨，成为抗日战争大后方振奋人心的重大事件。

玉门油田在发展中注重使用先进技术。当时，玉门油田吸引了大批年轻有为的大学生和留学生，其中就有我国石油地球物理勘探、石油地球物理测井、石油地球化学事业的创始人之一翁文波。他毕业于清华大学物理系，后赴英国留学，1939年，他从英国伦敦大学获物理学博士学位后回国，任重庆中央大学教授。但当时，在"一滴汽油一滴血"的形势下，他决定进入石油行业实业报国。1940年3月，他提出了一个物理探矿计划，与助手赵仁寿携带自制仪器到玉门油田，对油井进行探测，根据所获资料加深钻探，提高油井产量。1945年7月成立了由翁文波任队长的第一支重磁力勘探队，队员有丛范滋、李德生、汤任先等，他们沿河西走廊（东起张掖，西至敦煌）进行重磁力普查，并绘制了河西走廊1:100000地质、重力线综合图20幅。为了提高员工技术水平，油田举办了员工业余训练班，教授钻井、采油、炼油等技术，同时从国外购买先进设备，聘请外籍专家，实地指导工作。在原资源委员会的统一安排下，派出一批技术人员出国深造。玉门炼油厂陆续从国外购进设备，逐渐扩大规模，建成日炼220吨油的蒸馏装置、日炼285吨油的蒸馏裂炼装置、日炼117吨油的真空（减压）装置，成为现代炼油厂。

与主要生产部门相适应的机修、运输等辅助部门及职工生活设施逐步完善。1946年，中国石油公司成立，甘肃油矿局改组为甘青分公司。翁文灏进口了当时最先进的钻井、测井、固井、采油和运输设备，还分批派出包括孙健初在内的众多技术人员赴美实习，为我国石油工业发展奠定了人才基础，玉门油田也进入了新的发展阶段。

随着油田的发展，员工队伍不断壮大。1948年，员工总数达5059人，其中职员638人、工人4421人。据1949年统计，各类技术人员 200 人，其中负责地质勘探的有 24 人、负责钻井采油的有 58 人、负责炼油的有 42 人。

1949 年，玉门油田实际探明可采储量 1700 多万吨，年产原油 7 万多吨，在近 11 年的开发中，共生产原油 50 多万吨，占全国同期原油产量的 90% 以上。可以炼制汽油、煤油、柴油、润滑油等 12 种成品油，成为当时全国为数不多的大型现代企业，为中国石油工业的发展做了必要的技术、经验和人才准备，坚定了中国人民开发祖国石油资源、建设自有石油工业的信心。

1949 年初夏，中国人民解放军第一野战军总司令彭德怀指挥部队以雷霆之势进军西北，解放了玉门。解放后，由于新建的大型电力脱盐厂的投产，玉门油田所产的原油质量也比解放前提高了。在采油区还新建、扩建了几十座选油站，新建了一批注水厂和一座大型注气厂，采用了世界先进的油田边缘注水、顶部注气的开采方法。自此，原油年产量迅速增加，1957 年，玉门油田钻的新油井数相当于解放以前 10 年钻井总数的 10 倍。1957 年生产的原油量比 1949 年增加了 10 倍。新华社、人民日报社等集中报道，1957 年 10 月 8 日，我国第一个天然石油基地——玉门油田建成，成为一座具有地质勘探、钻井、采油、炼油、机械修配、油田建设和石油科学研究等功能的大型石油联合企业。

"陆相生油"理论的提出，为在中国陆相盆地中找到大量石油提供了依据。20 世纪 40 年代中期，中国地质工作者在玉门油田开展的古生物研究工作又为"陆相地层"生油提供了新的佐证。

红色工业

第 5 章
CHAPTER FIVE

春风也度玉门关，玉门油田被列入"一五"计划

刚成立的中华人民共和国百废待兴，发展经济离不开石油。1951年春，时任中共中央西北局第二书记、西北军政委员会副主席的习仲勋向毛主席和党中央提出加快开发玉门油田，并在兰州建设配套炼油厂的计划，在习仲勋等领导人的大力推动下，玉门油田的开发建设列入『一五』计划。全国大力支持玉门油田建设，4000多名解放军官兵奔赴玉门，大批技术专家、熟练工人、青年学生及外国专家齐聚玉门。千军万马汇油城，激情四射建基地。经过艰苦工作，西北石油工业、玉门油田得到长足发展。

中华人民共和国成立初期，发展经济需要更多的石油资源，西方国家石油禁运、抗美援朝战争爆发进一步加剧了国内石油资源短缺的矛盾，发展中国自己的石油工业刻不容缓。时任中共中央西北局第一书记、西北军政委员会主席彭德怀指示："玉门是新中国石油工业的摇篮，要发挥更大的作用。"时任中共中央西北局第二书记、西北军政委员会副主席习仲勋于1951年5月27日给毛主席和党中央写信，建议党中央早日将开发西北石油资源的方针确定下来。习仲勋向党中央详细介绍了开发西北石油资源的计划，并提议将玉门油田的开发建设放在西北石油资源开发的首要位置。习仲勋还从交通运输、投资和技术方面具体分析了上述计划的可行性。为了促成这一计划，习仲勋和中共中央西北局还派出西北石油管理局负责人康世恩专赴北京同燃料工业部研究这一计划。

1951年6月27日，政务院副总理陈云给习仲勋发去电报，要求大力开发西北石油："……河西地区储油较丰，应作较大之开发计划。基本上同意燃料工业部所提到在1957年内达到年产原油100万~200万吨的目标。准备在兰州建设日炼4万桶油之大炼厂，为此应首先探明永昌区域之各构造，准备资料提早开发。同时，以部分力量钻探老君庙区域之构造，求得初步了解，以作开发河西最后可靠之保证。此项计划，党中央准备于1952年内，聘请苏联专家帮助设计。为了使得西北石油工业能迅速发展，我们除责成燃料工业部及有关部门进行准备外，有关西北之各项工作，特请你们注意，并望予以解决。"

1952年4月1日，陈云以政务院财政经济委员会党组名义给毛主席和党中央起草了《开发西北石油和建设新式炼油厂的计划》："……甘肃河西年产300万吨，拟在酒泉盆地（兰州西800千米）除已发现的青草湾、大红圈等5个构造外，再找3~4个新的构造。拟在潮水盆地（兰州西400千米）除已发现的窖水、青土井等11个构造外，再找超过10个构造。经过地质评查及构造细测，进行地质对比，计划在已发现及待发现的约30个构造中选出10个构造进行钻井，希望能够找到2~3个类似老君庙的油田。计划建设年处理300万吨原油的新式炼油厂。即以酒泉、潮水两盆地内探勘成功的构造产的油为炼厂原料。"1954年11月15—25日，党中央召开讨论"五年计划"草案会议。到会的除在京中央政治局委员外，还有在京中央委员、中央候补委员、中央有关部门负责人、国务院各部党组书记。会议开始时，陈云传达了毛主席、周总理和刘少奇审议"五年计划"草案时提出的意见。在10多天的会议中，与会者依照第一个五年计划草案的顺序逐章逐节地发表意见。

朱德、陈云、邓小平、彭德怀、彭真、董必武、吴玉章、林伯渠、邓子恢、李先念、薄一波、陈毅、徐向前、聂荣臻、曾山、陈郁、程子华、滕代远、王首道、王震、粟裕、黄克诚、贺诚、廖鲁言、赖若愚、叶季壮、张玺、李运昌、段君毅、赵尔陆、李范五、吕正操、龚饮冰、刘杰、钱之光、刘秀峰、张稼夫、吕东、王鹤寿、徐子荣、宋乃德、许涤新、刘瑞龙、李葆华、陈国栋、姚依林、范式人、宋平、骆耕漠、谢觉哉、金明、钱俊瑞、董纯才、毛齐华等纷纷发表意见，有的还进行了多次讨论。其中讨论点最多的是石油、农业、交通3个领域。

1954年11月17日讨论的是第一个五年计划中有关石油的问题。陈云、陈毅、朱德等都对石油勘探开发发表了自己的意见。陈云在发言中介绍了石油问题的现状和解决思路。他说："石油不解决是个严重问题。1954年已进口10万吨，今年还准备进口27万吨，明年要进口170万吨，运输是个极大的问题。石油只要找到资源，投资就满足它。"他指出："石油的地质工作不能单靠石油局来搞。地质部应列入计划，把力量转到石油地质上。晚搞不如早搞，燃料部、地质部要同专家讨论这个问题。这个问题在国防上、经济上都很重要。"在此后的讨论中，与会者都支持要大力解决石油问题。

最终，开发玉门油田、兰州炼油化工总厂建设被列入国家第一个五年计划。

为了加快石油工业建设，1952年2月，毛主席亲自签发命令，批准将中国人民解放军第十九军五十七师改编为中国人民解放军石油工程第一师（简称"石油师"）。石油师4300多名指战员在师长张复振、政治部主任秦峰的带领下，于1952年8月至1953年3月，分批来到玉门油田。石油师指战员的到来充实了油田职工队伍，其数量约占职工总数的49%，参与了采油、炼油、钻井、水电、基建安装、汽车运输等方面的建设任务。1956年，中国人民解放军石油工程第一师番号被撤销，在油田各级党组织的关怀下，石油师人迅速完成了由军人向石油工人的转变，实现了由英雄战斗队到社会主义建设突击队的转型，为建设祖国第一个天然石油基地和石油工业摇篮做出了巨大贡献。

在党的领导下，玉门油田的建设得到了八方支援。不仅石油师4300多名解放军来到了玉门，大批技术专家、熟练工人、青年学子，甚至外国专家也齐聚玉门。千军万马汇油城，激情四射建基地。鞍钢无缝钢管、焊管、钢板、槽钢等产品成千上万吨运到矿区。上海、广州、昆明等地的机具、机器设备，南京等地的化学工业品，西安的一般工业品，被不断运到矿区。甘肃省许多贵重资源，如重晶石、坩子土等也最大程度地供应油田建设的需要。

全国大力支持玉门油田建设。1957年，玉门油田原油产量达到75.54万吨，占全国原油产量的87.78%。伴随着石油基地的建设，玉门油田形成了许多中国石油工业的技术标准、管理经验、行业规定。

在党的领导下，全国的工业部门、文化团体、事业单位不遗余力地支持、支援玉门油田。1955年，建成了中国第一座石油工人疗养院；1958年，由刘少奇批示，中华全国总工会拨款80万元建成了中国第一座石油工人文化宫，工人文化宫投入使用后，一直是玉门石油工人学习、娱乐、开办各类展览的重要场所，为提高职工及职工家属的文化生活质量、陶冶职工情操发挥了重要作用，并获"全国职工文化先进单位"和甘肃省"先进工人文化宫"等荣誉称号。

中央新闻电影制片厂在1956年用5个月时间摄制完成了《建设石油基地的人们》新闻纪录片，在全国上映后，吸引了一大批有志青年献身祖国的石油事业。

在石油基地建设最关键的时刻，1956年6月，党中央派出慰问团，从首都北京来到玉门，带来了党中央和国务院对玉门石油人的关怀，极大地鼓舞了石油工人投身建设石油基地的热情。

中华人民共和国成立后，外国专家对玉门油田的开发建设提供了很多帮助。1950年12月，以苏联地质和工程专家莫谢耶夫为首的苏联专家组到玉门油田考察、协助工作，到1960年12月，在玉门工作的外国专家全部撤离回国，先后有40多位苏联专家来油田指导工作，他们不仅给予了具体指导，而且支援了器材和设备，还培养了一大批技术和管理人员。10年间，除苏联专家工作组外，还有罗马尼亚、捷克斯洛伐克、德意志民主共和国等东欧社会主义国家的80多位专家和工程技术人员来帮助建设玉门油田。

在外国专家的具体指导和帮助下，油田成功钻凿"中罗友谊之井"，建成"中罗友好热电厂"，修复了一口口废弃了的油井，培养了一批批技术能手。

"一五"计划期间，玉门油田在地质勘探上取得重大突破，使原油产量猛增。1957年，玉门油田的原油产量达到75.54万吨，占全国当年原油产量的87.78%；1958年，玉门油田的原油产量达到100万吨；1959年更是达到了140万吨，占全国原油产量的50.9%，撑起了中国石油工业的半壁江山。1953—1957年的"一五"计划期间，玉门共生产原油223万吨，为国家发展做出了巨大贡献。

更为关键的是，我国在玉门建成了门类齐全的石油工业基地。1953年，我国国民经济进入有计划建设阶段。国家开始执行第一个五年计划，基本任务是集中主要力量建设156个大型项目，以此奠定我国社会主义工业化的基础。玉门油田建设被列入这156个重点项目，并要求1953—1957年把玉门建成一个拥有地质勘探、钻井、采油、原油加工、机械制造和科学研究的石油工业基地。油田以此为工作方针，担当重任、艰苦创业，1957年建成中华人民共和国第一个天然石油基地。

1959年，玉门油田原油产量冲上140万吨，是油田解放前总产量的2.7倍，占当时全国石油产量的51%，支撑起了中国石油工业的半壁江山，也为兰州炼油化工总厂提供了稳定的资源。朱德欣然赋诗：玉门新建石油城，全国示范作典型；六万人民齐跃进，力争上游比光荣。

红色工业

第 6 章
CHAPTER SIX

凭借 5 种精神度过艰难岁月

20世纪60年代，玉门油田支援新区会战后出现了历史上最为艰难的岁月。大批人员、设备支援新区，油田生产经营陷入极度困难的境地，具有艰苦奋斗精神的油田职工在困难面前不低头，迎难而上求发展，在与各种困难的抗争中形成了自力更生、艰苦奋斗的"一厘钱"精神；缺乏设备、自己制造的"穷捣咕"精神；原材料不足、改制代用的"找米下锅"精神；人员不足、多做贡献的"小厂办大事"精神；修旧利废、挖潜改制的"再生厂"精神。

在长期的发展中，玉门油田不仅为国家提供了大量的石油资源，而且逐步形成了"艰苦奋斗、无私奉献、自强不息"的玉门精神，成为激励玉门石油人干事创业的强大精神力量。慷慨无私支援别人，自强不息发展自己。以艰苦奋斗为核心的"一厘钱""穷捣咕""找米下锅""小厂办大事""再生厂"精神充分展示了玉门石油人顾全大局、为国分忧、为国争光的精神风貌，形成了独具特色的玉门风格。玉门精神以艰苦奋斗为核心、"三大四出"为特征、无私奉献为精髓、自强不息为实质，是在民族危亡的关键时期和国家发展建设的重要时期铸就的，是大庆精神、铁人精神的重要组成部分，为"苦干实干""三老四严"石油精神的孕育做了前期铺垫。

玉门精神是在艰苦的地方、困难的条件下，几代玉门石油工人发扬民族精神、爱国精神、革命精神，秉承中华民族吃苦耐劳、勤劳朴实、坚忍顽强的品格，在民族救亡、社会主义建设、发展石油工业的实践中，逐步形成的具有石油工业摇篮特点的优良传统和作风。其基本内容是：艰苦奋斗，无私奉献，自强不息。玉门精神的内涵丰富且深刻。

艰苦奋斗是玉门精神的核心。玉门油田的历史是一部艰苦奋

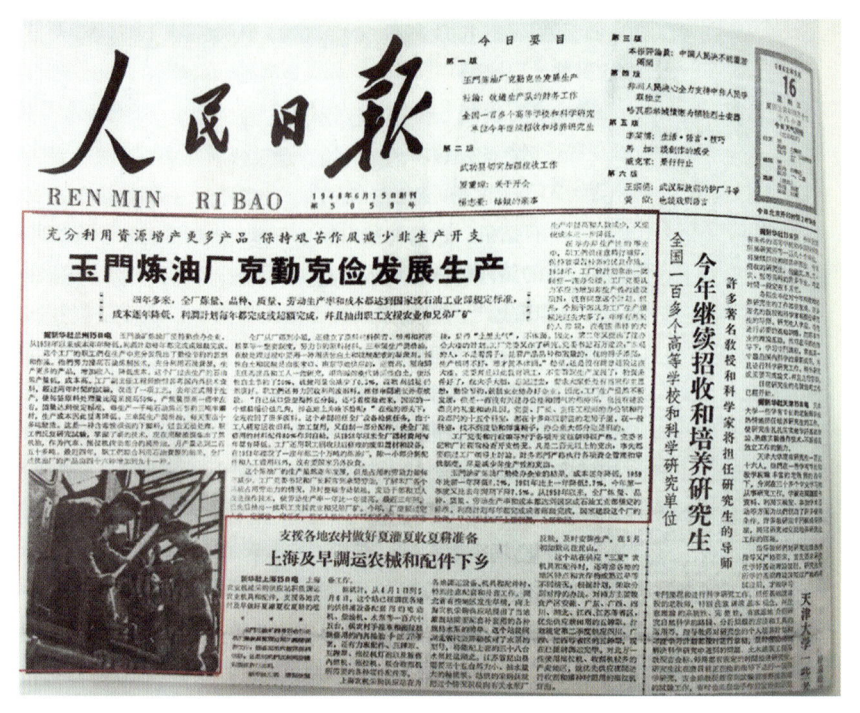

△ 1962年5月16日,《人民日报》第一版发表《玉门炼油厂克勤克俭发展生产》

斗的历史。"一厘钱""穷捣咕""找米下锅""小厂办大事""再生厂"精神至今传承不衰,仍指导着新时期石油工人过紧日子、降本控费、拼搏奋进。"三大四出"是玉门精神的特征,玉门油田作为中国石油工业的摇篮,承担了"大学校、大试验田、大研究所,出产品、出经验、出技术、出人才"的历史责任,为祖国石油工业开了先河。

石油摇篮"摇"出了经验,为新油田建设提供了借鉴。油田首创"前三队、后三厂"的管理模式,为其他油田的管理提供了参考；油田边外注水积累的经验推广到了大庆等新油田，指导了新油田的开发；炼油厂保证安全生产的巡回检查法在全国炼油系统进行推广；1958年7月9日，石油工业部在玉门召开现场会，系统介绍了玉门油田小井眼钻井、旋转快速钻井、钻机整体搬家、油井清蜡等经验，这些后来在新油田都得到了广泛推广。

石油摇篮"摇"出了技术，创造了许多中国第一。首次进行的油田注水、油井酸化开创了中国油田注水开发和油井酸化的先河；打成了中国第一口多底井、第一对双筒井、第一口定向斜井、第一口侧钻井；中国石油工业第一次在顶部注气、以清水钻井、进行火烧油层实验、第一次出现油井压裂、第一次进行顶部注水都在玉门油田；中国第一个泡沫驱油实验区、三元复合驱实验区、混相驱实验区、自动化油井控制系统都在玉门油田建立。

石油摇篮"摇"出了人才，为祖国石油工业培养了一大批骨干。多年来，从"石油摇篮"走出了10万多名优秀工人，他们南下四川、北赴大庆、东进胜利、西上克拉玛依，跑步上庆阳、二进柴达木、三战吐鲁番，支援新油田和全国炼化企业建设，克拉玛依、大庆、长庆、吐哈4个油田均为万人以上的支援。从石油河畔走出的玉门人中有6人成为两院院士、15人成为省部级干部、100多人成长为厅局级干部，还有许多成为全国劳动模范、石油专家、技术骨干，成为祖国石油工业的栋梁和中坚力量。"铁人"王进喜就是从玉门油田走出去的优秀代表。王进喜在玉门苦战10年，把标杆立上了祁连山，带动了全国钻井事业的发展，成了"钻井闯将""全国劳模"。他在大庆又苦战10年，使国家甩掉石油工业落后的帽子，立下了赫赫战功，成为英雄的"铁人"和中国工人阶级的优秀代表。

无私奉献是玉门精神的精髓。玉门油田建设的70年，是忘我奉献的70年。当新油田有建设需要时，玉门油田便发挥老石油工业基地的作用，胸怀祖国石油工业大局，要人给优秀的、要设备给最好的；先支援别人，后发展自己。1972年12月5日，人民日报社以"玉门风格"为题报道了玉门油田慷慨无私支援别人、历尽艰辛发展自己的事迹。《甘肃日报》也以"玉门人"为题讴歌了这一时期的玉门油田和玉门石油人。

在大庆会战中，玉门油田十几支地震队几乎全部前往，钻井公司49台钻机中有48台支援大庆。这个时期，大庆会战需要什么样的设备、需要什么样的人，只要玉门油田有，就会千方百计支援。

在跑步上庆阳的岁月里，玉门油田全力以赴保证陇东会战，需要什么就支援什么，当玉门与陇东的发展需要发生碰撞时，首先会满足陇东会战。玉门油田4个地震队的人员和设备全部前往庆阳参加会战。油田1300多人的油建队伍只留下了300多人，其他人连同机械设备一起到陇东参加会战。

吐哈会战全面铺开后，玉门油田集中一切可以集中的资金、调动一切可以调动的力量，全力以赴参加新区会战，父送子、妻送郎、夫妻双双参加新区会战的感人情景历历在目。

自强不息是玉门精神的实质。玉门油田在多年的发展中遇到过许多困难，经历了一次次严峻的考验，但玉门石油人以百折不挠、坚韧不拔、顽强拼搏、创新奋进的毅力和精神，使老油田持续发展。

为了油田的生存和发展，广大职工万众一心、永不放弃，闯过了一道道难关。专业修井队和设备去了新油田，由采油工、机关干部、后勤人员组成的"群众修井队"应运而生，出现了我国石油发展史上人拉肩扛修井这一壮举。过了产油"巅峰期"的玉门油田产量急剧下滑，面对严峻的形势，油田坚持老矿挖潜不停步，精雕细刻保稳产，在寻找新的储量的同时，油田开展了声势浩大的"巨龙夺油会战""油田调整大会战""万吨注水会战"，组织开展群众性的回收落地原油活动，为稳产添砖加瓦。经过油田职工矢志不渝地苦干、实干，实现了1970—2000年的"三个十年稳产"目标。

进入21世纪，油田瞄准原油产量重上100万吨的目标，锲而不舍，拼搏奋进。油田坚持不懈地大打勘探进攻仗，面对青西凹陷勘探逆掩推覆体和深层复杂裂缝性油藏世界级难题，不断解放思想，强化科技攻关，研究出了适合前陆冲断带勘探领域和深层裂缝性油藏开发的4项配套技术，破解了青西凹陷勘探开发中的难题，使青西凹陷的勘探取得重大突破。

老君庙油矿于20世纪90年代进入开发后期，综合含水量逐年升高，这给老油田开发带来了严峻挑战。油田迎难而上，向采收率极限挑战，不断创新探索，引进推广新技术，配套形成了适合后期开发的系列工艺技术，将油田综合含水量一直控制在76.84%，采收率达到45.9%，创造了世界同类油田开发的高水平，4次荣获"高效开发油田"称号。

油田炼油化工不断加快技术改造和技术革新，加快产品质量升级换代和结构调整，实力得到了增强；大力开发有特色、有效益的高附加值产品，培植了一批"名、专、特、优"产品，在结构调整优化上迈出了坚实的一步。

玉门油田支援新区会战时迎来了历史上最艰难的岁月。玉门石油人发扬玉门精神，凭借一种骨气、志气和士气，扛下了所有压力，克服了一个又一个困难，创造了属于玉门也属于自己的骄傲。在直面困难、拼搏奋进的实践中形成了"五种精神"，又被称为玉门"老五种精神"，其为玉门精神的重要组成部分。

"一厘钱"精神。石油沟油矿在20世纪60—70年代，人员、设备分批调往新油田后，生产遇到了很大的困难。他们发扬艰苦奋斗的精神，从节约每一分钱做起，坚持节约一滴油、一度电、一寸管线、一团棉纱，形成了"一厘钱"精神。用芨芨草扎扫把、修土炼炉回收废油、背节约袋收旧利废是全体职工勤俭办矿的3

件宝。有段时间，油矿一大批新井投产，需要添置生产管线，工人们就去挖过去埋在地下的废钢管，用架子车拉回来继续用，两个多月时间，工人们硬是从地下挖出总延长8000多米的废钢管。仅1971年，石油沟油矿就自制、改造了各种设备50多台，为国家节约资金100多万元。有时，油井渗出一点原油，工人们都小心翼翼地回收回来。"一厘钱"精神由此诞生。

"穷捣咕"精神。20世纪70年代，白杨河油矿在人员和设备支援新油田后，用修旧利废的办法，自己动手造设备，武装了自己，实现了生产。为了修理抽油机，6名不同工种的工人组成了抽油机保养班，一不要资金、二不要厂房、三不要设备，3把旧扳手、一副破倒链为家当，在戈壁滩上搭个帐篷就开始修理抽油机。经过几年的"穷捣咕"，这个班组逐步发展成长，自己搞出了12吨土吊车、行吊、桥吊、250吨压力机、16种专用工具，形成了一条拆、修、装、吊、运生产作业线。从开始的只能给抽油机打黄油、紧螺丝发展成能够装配和大修抽油机的专业修理班，为国家节约资金数百万元。为了油矿扩建和开发新油田，在没有钻机的情况下，修井工人翻遍了油田的废料堆，找到了30多吨七扭八歪、长短不齐的废旧井架角铁、1000多个废螺丝及一些不同型号的钻机部件，七嘴八舌提建议、七手八脚造钻机，东拼西凑，捣咕出了一部苏联头（天车）、美国肚（游动系统）、罗马尼亚腿（泥浆泵）的"四不像"钻机。就是这部七拼八凑的"百家造"钻机，一年多打井 25 口，年钻井进尺突破 2 万米。"穷捣咕"精神由此而来。

"找米下锅"精神。油田机械厂在支援新油田会战时，人员和设备被调走了一半，包括油田当时唯一的 4 米龙门刨床。玉门后面如何发展？大家经过仔细商议，决定采取"母鸡下蛋"的办法，用 4 米龙门刨床赶制出 3 米龙门刨床的床身和配件，然后用土办法，一鼓作气制造了 2 台 3 米龙门刨床，解了石油生产的燃眉之急。为了解决制造抽油泵无原材料的问题，抽油泵车间的工人到各油矿回收废旧泵和配件 800 多件，制造抽油泵 450 台。他们及时总结和推广"找米下锅"的方法，向全厂职工发出了"保前线甘当配角，挖潜力找米下锅"的号召，得到了热烈的响应。铸造车间的工人推起小车、扛起榔头，找遍全厂每个角落，把散失的废铁、铜渣、有色金属都捡回来铸造，仅 1973 年就回收金属 14000 多千克，价值超过 11 万元。炼钢缺少原料，全厂干部、工人总动员，通宵达旦地大战堆积了 10 多年的铁屑山，4 天时间，人工打铁屑 2500 多捆，解决了部分原材料问题。"找米下锅"精神由此诞生。

"小厂办大事"精神。油田地面工程处支援新区，1300 多名职工只剩下 307 人，295 台设备只剩下 70 台。人员、设备减少了 3/4，但基建工程任务却随着油田生产的发展愈加繁重。在困难面前，地面工程处提出了"人走精神在，人减干劲增，小厂也要办大事"的口号来鼓舞职工，发扬革命加拼命的硬骨头精神，与困难作斗争。在油田注水会战时急需两个3000立方米的大罐。地面工程处针对人员少、时间紧的实际情况，发动职工苦干实干加巧干，不分昼夜地拼命干，经过25天的艰苦奋战，第一次用"气吹倒装"工艺制造了两个3000立方米的金属拱顶罐，提前两个月完成了任务。在为炼油厂建设我国第一套四型催化裂化装置工程中，制造"再生器""反应器"是关键，面对重重困难，他们提出："不张口、不伸手，自力更生闯着走。"没有冲压设备，就改制土吊锤；没有起重设备，就自制龙门架；没有图纸，他们就发挥集体的智慧和力量；没有加工材料，工人们就找来一些废旧配件，硬是用榔头、锉刀、虎钳、扁铲进行加工，最后造出了起重32吨的龙门架。条件具备后，他们集中精力制造"再生器"和"反应器"，容器高4.4米，而厂房只有4米，他们就"揭掉房顶干"。就这样，他们出色地完成了再生器和反应器的制造任务，为四型催化裂化新装置的建设做出了贡献。"小厂办大事"精神由此传扬。

"再生厂"精神。20世纪70年代，生产过程中使用的机油和其他油品不能很好地回收，很是可惜。生活服务处的2名职工和6名家属开始筹建废油再生厂。没有厂房自己盖，缺少材料自己找，修修补补凑设备，人拉肩扛搞安装，赶着马车收废油。有一次，兄弟单位支援了5个工业上不能用的大罐，职工们为它们补了49

个疤用于生产。其中一个罐的罐底已经全磨烂了,他们就把大罐底朝上,把罐盖当作罐底用。炼油工艺管线舍不得用新的,就将一些废旧管子焊接起来用。为了防止炼油过程中硫化氢、二氧化硫等有毒气体的危害,他们就用废钢铁焊制了一台滤毒装置,采用碱水吸收的方法,既经济又解决了问题。厂房的两面门帘、三面窗帘是用757块不同颜色的旧布拼起来的。职工与家属奋战了90个日夜,炼出了第一锅再生油,实现了变废为宝。他们就是凭借这种"再生厂"精神,从无到有,从小到大,逐步发展,生产能力由年产100吨提升为年产630吨,生产油品由原来的2种增加到了11种,有些油品还供应了兄弟油田和其他地区。"再生厂"精神由此产生。

"苏联有巴库,中国有玉门,凡有石油处,就有玉门人。"玉门油田被誉为中国石油工业的摇篮,是开启我国现代石油工业、现代炼油工业的地方,在抗日战争和解放战争中发挥了重要作用,支撑起了中华人民共和国成立初期石油工业的半壁江山,向全国输送了大批人才和设备,为我国石油化工业大发展做出了历史性贡献。特别是党的十八大以来,玉门油田把习近平总书记对中国石油工业的重要指示批示精神转化为推动发展的强大动力,抢抓矿权流转机遇,环庆新区建成20万吨油田;大力推进酒泉盆地精细勘探,老区保持40万吨原油稳产;助力当地经济社会发展,精准帮扶的9个贫困村全部脱贫摘帽,上缴税费位居甘肃省前列。

在新的历史起点上，玉门油田按照"建设基业长青百年油田、做中国石油转型发展示范企业"的新要求，制定了"油气并举、新老结合"的发展战略，规划了"一个愿景、两个转型、三驾马车、四篇文章"的发展布局，开启了石油摇篮扭亏脱困的新征程，走上了老油田转型发展、高质量发展的新路。

△《人民日报》发表了题为"玉门风格"的文章

红色工业

第 7 章
CHAPTER SEVEN

石油工程第一师

为了加快石油工业建设，1952年2月，毛主席签发命令，批准将中国人民解放军第十九军第五十七师改编为中国人民解放军石油工程第一师。中国人民解放军石油工程第一师近8000名指战员中的4300多名指战员充实了玉门油田职工队伍，约占职工总数的49%。这4300多人在师长张复振、政治部主任秦峰的带领下，于1952年8月至1953年3月分批来到玉门油田，参加采油、炼油、钻井、水电、基建安装、汽车运输等重要建设任务。

20世纪50年代初，年轻的共和国成立初期，百废待兴，戴着"贫油国"的帽子，石油工业基础十分薄弱。偌大的中国仅有延长、玉门、独山子等几个小油田，原油年产量只有8.9万吨。全国石油职工约1.1万人，在仅有的700名技术人员中，石油地质工作者有20多人、钻井工程师10人左右，石油专业技术人员稀缺，与全面恢复国民经济严重不匹配，中国石油工业的发展举步维艰。

美国经济学家预言：石油短缺，红色中国的经济机器也许会在某天早晨骤然停止运转。美国军事学家声称：石油短缺，中国军队撑不住一场防御性战争。石油被誉为工业的血液，中国人民为之殚精竭虑。

1950年4月，全国第一次石油工业会议将玉门油田确定为国民经济恢复时期石油工业的发展重点。7月，在燃料工业部设石油工业管理总局，在西安设西北石油管理局。8月，玉门矿务局正式成立。10月，开始在老君庙油田周围钻凿探边井，使油田的含油面积逐步扩大，原油产量成倍增长，这就要求钻井、采油、炼油、水电基建、运输等部门相应扩大，但是矿区的职工严重不足。作为当时全国最大的油田——玉门油田年产原油仅6万多吨，职工只有4000多人，其中技术人员近200人。

为此，西北石油管理局局长康世恩呈给燃料工业部部长陈郁和朱德总司令一份报告，请求调拨解放军的一个建制师，并改编为石油工业建设大军。

1952年2月，经毛主席批准，中国人民解放军第十九军第五十七师改编为中国人民解放军石油工程第一师（简称石油师）。石油师近8000名子弟兵为我国的石油工业注入了一股顽强、有战斗力的血液。

一张照片历史性地记录下了这一时刻：八千子弟兵手握钢枪，精神抖擞，组成方阵，他们等待着一个庄严的时刻。牛书申在检阅完部队后宣读了主席令："……我批准中国人民解放军第十九军第五十七师转为中国人民解放军石油工程第一师的改编计划，将光荣的祖国经济建设任务赋予你们，你们过去曾是久经锻炼的有高度组织性、纪律性的战斗队，我相信你们将在生产建设的战线上，成为有熟练技术的建设突击队……在新的战线上奋斗，并取得辉煌的胜利。你们现在可以把战斗的武器保存起来，拿起生产建设的武器……"

1952年8月1日，中国人民解放军第十九军第五十七师在陕西汉中举行了石油师命名典礼。石油师的编制序列：原师部机关编为石油师师部机关，师长张复振、政委张文彬、副师长张忠良、参谋长陈寿华，政治部主任秦峰；下设司令部、政治部、后勤部、干部部等。原一七零团编为石油师一团，团长陈如意、政委许士杰，下辖 9 个营、20 个连；原一七一团编为石油师二团，团长贾振礼、政委陈宾，下辖 3 个营、12 个连；原陕西军区独立十三团编为石油师三团，团长王有常、政委宋振明，下辖 3 个营、12 个连。全师共有指战员 7741 人，其中师级干部 5 人、团级干部 19 人、营级干部 77 人、连级干部 336 人、排级干部 660 人。

为了担负起建设石油工业的重担，部队改编后对全体官兵的文化素质进行了认真调查，并开办了文化学习团，分为扫盲、初小、高小、初中 4 个层次。经过几个月的强化学习，基本扫除了文盲，原初小、高小、初中文化程度的官兵也有所提高。在向文化进军的同时，按照指战员的培养方向，组织专业学习，一团以钻井为主、二团以基建为主、三团以运输为主。

1952 年 10 月 22 日，由师政委张文彬、政治部主任秦峰带领 236 名团、营、连级干部和战斗英雄到玉门参观学习。玉门矿务局举行了隆重的欢迎仪式，向他们介绍了玉门油田的发展史、现状和发展前景，并组织他们到钻井、采油、炼油等主要生产单位观摩。参观结束后，除张文彬等 50 人到东北等地继续参观学习外，其他人均留在玉门各厂队代职学习。

近 8000 名指战员从陕西汉中走向石油工业主战场，完成了由革命军人向石油工人的转变，实现了从英雄战斗队伍到社会主义建设突击队的跨越，揭开了波澜壮阔的石油工业新篇章。石油师为中国石油工业的发展注入了强大动力，并慢慢形成了石油师精神。石油师的4300多名指战员充实了玉门油田的职工队伍，为建设祖国第一个天然石油基地和石油工业摇篮做出了重要贡献。

1953年1月，被分配到玉门的石油师人逐渐到矿。师长张复振兼任玉门矿务局副局长。一团的1200名指战员与玉门矿务局原钻探大队合并为钻井处，秦峰任处长，师军法处副处长秦文彩、孙希濂和一团副参谋长刘安时、一团政治处副主任马骥祥等任副处长，下设老君庙钻井区队、白杨河钻井区队、1个试油区队及安装和水电后勤车间等。二团1130名指战员与玉门矿务局原建筑工程队、炼油新建工程队合并为基建工程处，二团政委陈宾任处长，二团团长贾振礼、团参谋长侯新民等任副处长，下设装建工程队、建筑工程队、老君庙制砖厂、白杨河制砖厂、酒泉制砖厂和1个石灰车间。另外，二团还分配到采油厂149人、机械厂118人、炼油厂48人、水电厂35人、运输大队45人、局机关24人、医院20人、技工学校3人。三团1237名指战员与兰州石油运输总站合并为玉门矿务局酒泉运输处，团长王有常、政委宋振明任副处长，下设原油运输大队和成品油运输大队。3个团分配到玉门油田的指战员有4000多人，其他人则分配到延安、宝鸡、上海等地的石油企业。

玉门矿务局对石油师人的培训和任用十分重视，制定了相关的制度和办法，要求各厂处对石油师人的食宿、学习、工作进行细致安排，采取跟班劳动、现场教学技术轮训班、签订师徒合同等办法，以迅速提高官兵的业务能力和技术水平。以郭孟和为代表的老石油工人对石油师人十分热情，在生活上嘘寒问暖，在技术上手把手教学。石油师、团党委要求各指战员明确自己的责任，打破"三年出师"的说法，虚心向师傅学习，以尽快适应工作岗位的要求。广大指战员虚心拜工程技术人员和老师傅为师，在操作中勤学苦练，在工作中认真实践，师徒间结下了深厚的友谊，使学习步伐大大加快，涌现出了40天学会装窑烧砖的苏明生、3个月学会压风机操作的郭成会、6个月学成司钻的姚福林、从战士成长为工程师的杜诗俊、优秀司机依党柱等先进模范。1953年年底，石油师由供给制改为薪金制，油田对石油师人按所在岗位的应知应会进行了严格考核，确认他们中的85%可以独立工作，很多人甚至达到了四五级的技工标准，标志着石油师人已成为建设玉门油田的一支生力军。

石油师人在钻井战线推广"重压、快转、大排量"的钻井技术，提高了钻井速度，多次打破全国钻井纪录。学习苏联和罗马尼亚的先进经验，在我国开创了钻凿定向斜井、双筒井的先河；在全国率先探索了清水钻井、空气钻井等特殊工艺，为提高玉门油田的钻井技术水平和加快油田开发做出了积极贡献。

在基建战线，他们先后修厂房、住宅等40多万平方米，扩建了裂炼、蒸馏装置，新建了减压、沥青、脱盐、焦化装置，新建选油站25座，扩建选油站8座，建设了注气厂、注水厂、热电厂，修筑公路1200千米、桥涵24座，安装了抽油机、井架、油水罐、油气管道、输电线路等设施，为我国第一个石油基地的建成奠定了基础。

在运输战线，1953年11月1日举行了原油东运典礼，520辆原油罐车和270辆成品油罐车日夜穿梭在千里戈壁上。截至1956年7月1日，除运出原油22万吨外，还运出大批成品油，保障了玉门油田油品外输畅通。

在采油及其他战线，随着油田内部人员调整，一批石油师的营、连级干部担任了一线领导，他们先后参与了老君庙油田顶部注气、边部注水、油井压裂酸化和石油沟、白杨河、鸭儿峡油矿的开发工作。转业到炼油、机械、水电、运输、医院、机关的指战员，在所在单位党组织和老同志的培养下，也在各自岗位上取得了优异成绩。

在参与石油基地建设的同时，石油师人还把人民军队注重思想政治工作，提倡顾全大局、干部以身作则、团结协作、敢打敢拼、勇猛顽强的优良传统带到了油田，丰富和升华了玉门油田的企业精神。

1956年9月，经中国人民解放军总参谋部批准，石油师的

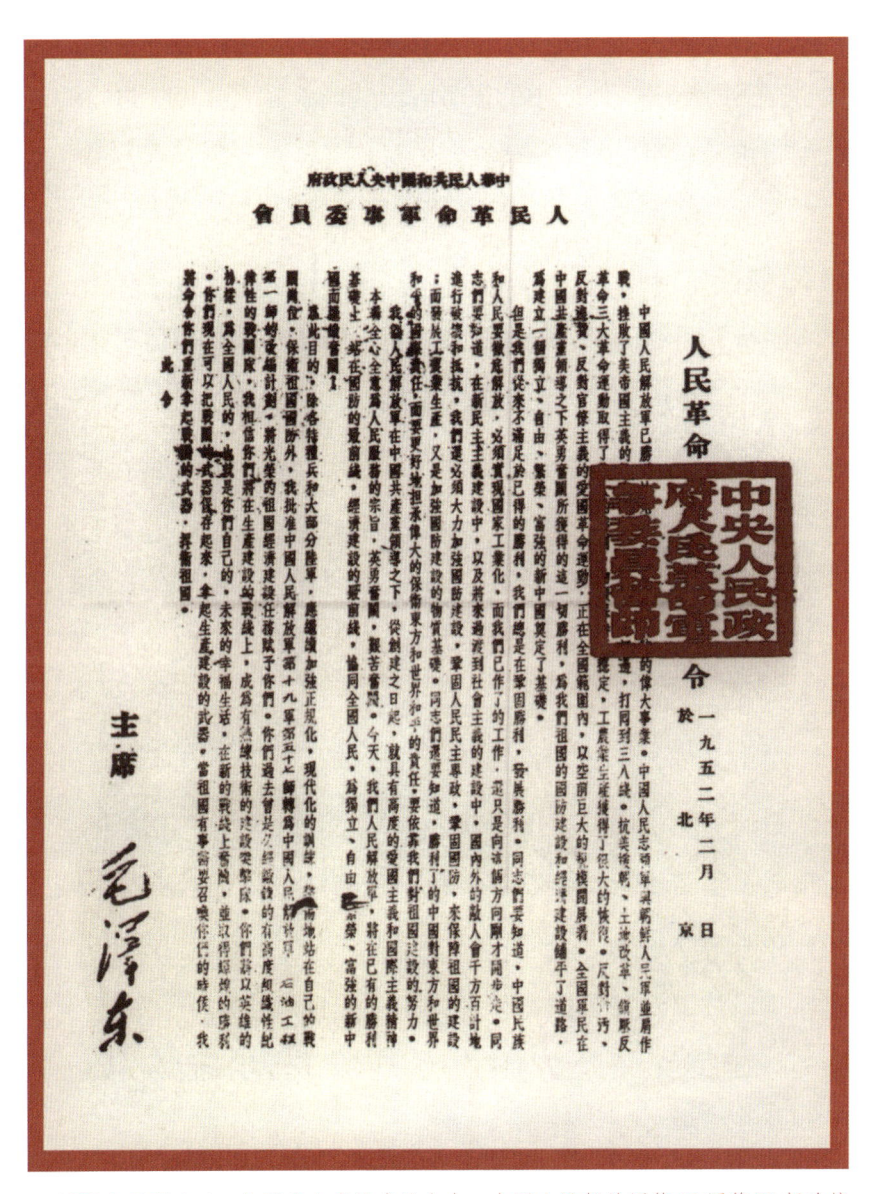

△ 1952年8月1日，按照毛主席批准的命令，中国人民解放军第19军第57师改编为中国人民解放军石油工程师第一师

番号正式撤销，转业到玉门的石油师人和油田职工完全融为一体。在玉门油田，他们中的很多人迅速成长起来，担任过玉门油田副局级领导的有陈宾、秦文彩、贾振礼、冯元富、石万福、吴开富、张一青、李芳兰、刘品璋等，担任过处级、科级干部的更多。

随着玉门油田对其他油田的支援，石油师人很多被调往全国各地工作，有的去了大漠，到了新疆、青海，有的到了高高的炼塔下，还有的走向了海洋……很多成长为当代中国石油工业的中坚力量。

石油师的将士玉门一别，直到20世纪80年代的中国石油工业大会战，每个石油探区的勘探、开发、建设都留下了他们的足迹。

2019年6月，随着电视剧《共和国血脉》在中央电视台播出，石油师和玉门油田再次成为人们关注的焦点。2019年，玉门市老市区管委会结合石油特色小镇的建设和红色旅游全域规划，依托铁人文化、石油文化和693人防工程等品牌，修复了原玉门油田八井公园，再现了中国人民解放军十九军五十七师——石油师在玉门的奋斗历程，将英雄公园打造成一处历史文化纪念公园。

英雄公园位于老君庙区域，属于中国人民解放军十九军五十七师驻地办公生活区，是当年开采石油、革命奋斗的历史现场。项目总设计面积 2.05 公顷，玉门市老市区管委会一期投资 40 万元，主要采用旧时苏联式的景观设计风格对公园基础设施、园内地坪台阶、雕塑、大门、篮球场、景观亭等进行修复，打造了石油师的历史展示公园。

红色工业

第 8 章
CHAPTER EIGHT

玉门"茶壶炼厂"
结缘国防航天

2003年10月16日6时23分,"神舟五号"载人飞船返回舱在预定地点成功着陆。中国首位航天员杨利伟自主走出返回舱。

2003年10月16日6时23分,"神舟五号"载人飞船成功降落在内蒙古四子王旗主着陆场,我国首位航天员杨利伟神态自若地走出返回舱。北京指挥控制中心宣布:中国首次载人航天飞行圆满成功。时任国务院总理温家宝代表党中央、国务院、中央军委表示祝贺。

《中国石油报》于2003年10月17日头版转发《我国首次载人航天飞行圆满成功 温家宝总理代表党中央、国务院、中央军委表示祝贺》。2003年11月11日,《中国石油报》头版刊载《中国人民解放军总装备部给中国石油天然气集团公司发来感谢信,对石油人为航天事业做出贡献表示敬意》,同日,《中国石油报》科教专刊"科学探索的前沿"栏目刊载了文章《航天技术与石油业有缘》。

中国人民解放军总装备部给中国石油天然气集团公司发来感谢信,很多人可能会心存疑惑,《航天技术与石油业有缘》则对此进行了阐释。

"神舟五号"载人飞船顺利返航,千年飞天梦得以圆满,与石油业的发展休戚相关。

首先,航天技术的高速发展带动了相关产业的进步,如飞船的动力（燃料）就源自石油。这种燃料的制造、储存、运输带动了石油的炼油加工、油品储运。

至于宇航服、飞船的隔热材料、密封脂、润滑油等也源自石油，这些与石油化工业的发展关系密切。

航天技术的发展促进了石油业的发展。20世纪50—60年代，地质勘探学家手拿地形图，徒步踏勘，探测沉积盆地的地层、构造及其含油气性，8年下来何止走了二万五千里，仅流淌的汗水都可汇集成河。如今有卫星图，地质学家只需定点观察少数地层剖面就可了解沉积盆地概况，可以说是真正的"秀才不出门，便知天下事"。

卫星图有较高的清晰度，勘探人员利用它可查看含油气盆地的地质构造，如跨洲的大板块（欧亚板块）、跨国的小板块，但只有航天技术发展到现在的水平，这些才一目了然。此外，卫星图还可直接指示大油气田，早在20世纪80年代，美国的卫星图就显现了大庆油田的具体位置及展布状况，如果配上遥感仪器（气敏雷达等），还可发现地下潜藏的油气田，从而加速油气资源勘探的深度及广度。

卫星的遥测及遥感技术不仅有利于查明含油气盆地的展布，而且能识别含油气盆地的类型，如台向斜盆地、边缘盆地、地堑盆地等，从而指导油气勘探整体方案的部署。此外，针对特殊类型的油气藏，如陨石坑内的油气藏、生物礁、古地貌型油气藏，卫星探测更是多快好省。首先利用卫星图可专查地球表面的陨石坑，根据陨石坑的大小、冲击构造及所处沉积盆地的含油气性，可相当准确地圈出陨石坑油气藏。美国在威利斯顿盆地就探明了5个陨石坑油气藏，油气就储集在陨石撞击地层时产生的冲击构造中。

以上只是航天技术与石油业休戚相关的很小一部分，但由此便可看出上天与入地有缘。随着航天技术发展的"热"头，石油勘探也有了"盼"头。更多的高新技术在为航天技术服务的同时，又可为石油业服务，可以引进及开发高新技术在石油业应用的领域，带动石油业的新发展。

那么，"茶壶"炼厂玉门是如何结缘国防航天的呢？自投产以来，其又是如何生产特种油品为国防和航天提供保障的呢？

中国对石油的需求几乎完全依赖进口。20世纪30年代，中国石油供给的75%被美国和英国垄断，其余则来自中东的石油公司。第二次世界大战爆发，由于对石油的极度渴求，汽油被刻意调成血红色。与之相呼应的是一句响彻中国的口号：一滴汽油一滴血。

有消息称，在中国甘肃和青海交界处，有大片区域渗出原油，这里可能成为世界上最大的产油区。1932年11月，一个秘密机构在南京成立。机构的一切活动高度保密，往来信函地址也只印有"南京三元巷2号"。这就是后来的原资源委员会的前身——国防设计委员会。

据中国社会科学院近代史研究所研究员李学通介绍，国民政府内部就有人提议，应该为抗战做准备。时任中央地质研究所所长的翁文灏被任命为国防设计委员会秘书长，对于如何解决能源匮乏的问题，他有自己的想法。国防设计委员会成立后，翁文灏有个思路，即用煤低温蒸馏来解决汽油匮乏的问题，但他仍致力于寻找石油。

从煤入手的探索不得不提一个人，那就是汤仲明。1926年，年轻的机械工程师汤仲明怀抱着工业救国的梦想从法国回到中国。秦岭一带树木很多，木炭来源比较丰富，当时，汤仲明想是否可以制造一种以木炭为燃料的汽车呢？1931年夏，在郑州西郊的碧沙岗，汤仲明第一次驾驶自己耗时3年设计的木炭汽车。

汤仲明热爱机械行业，据汤仲明的侄女郭翠芳介绍，木炭汽车时速达40千米，每行驶1千米消耗木炭1市斤[*]，价格是汽油的1/10。当时的中煤公司声称，其拥有的"70辆木炭车行驶的里程，每月可绕地球两周半"。

[*] 市斤：质量单位，1市斤=0.5千克。

与此同时，人们还在马不停蹄地研究替代能源。

贵州毕节两排已经破败的民居曾是一座酒精厂。1936年，国民政府宣布，两年内拨款400万元在各地建立酒精厂，每年生产400万加仑酒精，与汽油混合后作为航空燃料。

西南大学重庆中国抗战大后方协同创新研究中心教授刘志英

介绍，抗战大后方的酒精厂在1941年有60多家，但到1944年发展到了306家。酒精的主要原料为玉米、高粱，因此粮食的价格不断攀升。

与此同时，公路界用桐油做燃料的尝试也在进行。但是，要从根本上解决能源问题，有持续不断的石油供应才是唯一的出路。

"茶壶嘴炼油"成为中国现代炼油工业的开端。正是在这样的历史背景下，已经发现石油的玉门油田就地取材，"茶壶嘴炼油"快马加鞭地开始了。

1939年8月，玉门油田在老君庙旁采用"间歇式立式炼炉"（"茶壶嘴炼油"）炼出第一批汽油，拉开了中国石油自主炼制的序幕。玉门油田生产的第一批军用油品填补了国内空白，为抗日战争的胜利做出了积极贡献。之后很长一段时间，甚至现在，玉门油田生产的特种油品保障了我国国防和航天需求。

"茶壶嘴炼油"是中国现代炼油工业的开端。1939年3月，老君庙一号井出油后，油田便着手筹建炼油厂。4月，从酒泉西北化学公司购得一个70加仑蒸馏锅，在老君庙前、圆门宿舍下方的半山腰整平一块地，装建了蒸馏锅，安装好的炼炉被称为"间歇性立式炼炉"，投产后进行试炼，以骆驼草、柳树和旱峡煤矿产的煤为燃料，第一炉炼出汽油15加仑、煤油19加仑、瓦斯25加仑。试炼成功后开始正式炼制，炼制时需要人工向炼炉里加油。夏天，工人们把原油装到桶里，滚到炼炉旁加油；冬天，工人们从油池中挖出结成块的原油，挑到炼炉旁加油。炼出的各种油品用茶壶接盛，再倒入油桶，因此被称为"茶壶嘴炼油"。炼出的汽油供油田汽车使用、柴油供柴油机发电，炼出的煤油除油田自用外，还供给军政机关及交通部门。

1939年10月，甘肃油矿筹备处在石油河畔建造了第一炼厂。油田首先在石油河东岸建造了日产汽油2吨的连续性立式炼炉两座、4吨卧式甑式炼炉两座，其中一座炼煤油、一座炼柴油。第一座2吨炼炉于1940年2月底建成，3月2日开始运行，初产汽油1吨多，后来可达近3吨。第二座立式汽油炼炉由重庆动力油料厂制造，3月29日安装试用，每日净产汽油0.7吨，4月4日交付甘肃油矿筹备处。7月下旬，甘肃油矿筹备处自建的两座4吨卧式蒸馏炼炉建成投产。由于石油河东岸厂址较小，便向西岸扩建。1941年6月，河西第一组甑状炼炉开始建造，1942年3月投产。1942年4月，河东第一组甑状炼炉开始建造，6月投产。紧接着开始兴建河西第二组甑状炼炉，11月投产。1943年4月又修建了河东第二组及河西第四组甑状炼炉，并把河西第三组甑状炼炉改为炼机油炉。至此，第一炼厂共建有甑状炼炉6组。

1940年3月，油田第二炼厂在嘉峪关破土动工。由于第一炼厂的汽油炼制率较低，第二炼厂采用了当时较先进的工艺流程：蒸馏部采用亨利法炼油；裂炼部采用半裂化法炼油。每天加工原油34吨，为第一炼厂的2倍。1942年4月，蒸馏部投产。该部所用为管状蒸馏装置，又称管状炉第一组，试炼成功后投产，共加工原油 128 吨。6 月，裂炼设备完成安装。因第二炼厂原油运输困难，1943 年 2 月 15 日，第二炼厂拆迁与第一炼厂合并。其蒸馏部管状炉改装后安装于石油河西岸，被称为第二组，日加工原油 260 多吨。

1943 年 1 月 1 日，重庆国光油行更名为甘肃油矿局业务处重庆营业所，并在兰州设立煤油销售处。3 月，嘉峪关第二炼厂与第一炼厂合并。8 月 5 日，油田将 5 桶原油运往美国试炼飞机汽油。选定四台为玉门炼厂厂址，并筹备建厂（后来的炼化总厂）。此外，油田生产的煤油运抵昆明，销路甚广。9 月，油田开始兴建蒸馏装置，并于 1944 年 7 月投产。

1944 年 9 月 20 日，从美国进口的 12.83 吨汽油添加剂运抵玉门油田。是年，玉门炼油厂生产出特种汽油，辛烷值为 65~70。

经过 70 年的风雨洗礼，昔日的"茶壶嘴炼油"已成为年加工能力 300 万吨的炼油化工企业，可生产燃料油类、润滑油类、工艺用油类、电器用油类、真空油脂类、液压油类、润滑脂类、石蜡类及聚丙烯等 13 类 160 多种石油产品。

多年来，炼化总厂着力研发生产了一批高质量、高附加值的，具有自主知识产权的"拳头"产品，先后建成了航空液压油、润滑脂、磺酸盐添加剂、白油和特种工艺用油等资源配套利用的生产系统，实现了特色产品的系列化、油品的多样化。炼化总厂可生产特油产品 120 多种，部分特油产品在同行业中处于领先地位，且为全国独家产品,享有良好的声誉。其中4号高温脂、真空封脂、15号航空液压油等为全国独家产品,特别是15号航空液压油的各项指标达到了国际先进水平。2号低温脂、低中碱值石油磺酸钙等产品

△ 机械润滑油

标准成为国内同类产品的行业标准，其中2号低温脂被铁道部指定为机车专用产品，3号耐醇脂曾被原机械部指定为螺纹管润滑专用产品，8号绝缘胶、10号航空液压油成为"神舟"飞船专用产品。

红色
工业

第 9 章
CHAPTER NINE

石油摇篮"三大四出",
凡有石油处就有玉门人

在我国石油工业加快发展的历史时期，玉门肩负起了大学校、大试验田、大研究所，出产品、出技术、出经验、出人才，"三大四出"的历史重任，全力支援全国新油田建设。传世名句"凡有石油处，就有玉门人"就是其支援新油田建设的真实写照。玉门是我国现代石油工业和石油精神的源头：石油的故事从这里传遍神州，铁人的赞歌从这里万代千秋。

凡有石油处 就有玉门人

△ 支援其他油田建设

玉门油田支援全国各油田、炼化企业人数统计表

年 份	人数/人	调 往 地 区
1945—1949 年	47	台湾地区
1950 年	66	西北石油管理局 北京石油总局 延长油矿
1951 年	98	
1952 年	498	
1953 年	120	
1954 年	101	
1955 年	3090	克拉玛依油田、青海油田
1956 年	6255	
1957 年	6544	

续表1

年 份	人数/人	调 往 地 区
1958 年	5666	四川油田、华北油田
1959 年	3768	
1960 年	8371	大庆油田
1961 年	7631	
1962 年	515	
1963—1967 年	5273	胜利油田、江汉油田等
1968 年	27	长庆油田等
1969 年	279	
1970 年	13972	
1971 年	306	
1972 年	105	
1973 年	74	
1974 年	63	
1975 年	1394	华北油田、辽河油田、吉林油田
1976 年	774	
1977 年	622	南阳油田、中原油田、江苏油田、冀东油田等
1978 年	860	
1979 年	250	
1980 年	681	
1981 年	1056	
1982 年	526	
1983 年	1345	
1984 年	1922	
1985 年	741	
1986 年	296	
1987 年	474	
1988 年	705	

续表2

年 份	人数/人	调 往 地 区
1989 年	501	南阳油田、中原油田、江苏油田、冀东油田等
1990 年	295	
1991 年	260	
1992 年	104	
1993 年	140	
1994 年	108	
1995 年	17308	吐哈油田
1996 年	431	四川石油公司、润滑油公司华北销售、吐哈油田等
1997 年	511	
1998—2004 年	441	
2005 年	169	
1950—2009 年	2848	炼化系统、西北销售及其他

注：外调地区、人数系不完全统计。

苏联有巴库，中国有玉门。中华人民共和国成立后，作为老石油工业基地、中国石油工业的摇篮，玉门油田责无旁贷地承担起了支援新油田开发建设的重任。20世纪50年代，玉门油田几乎每年都会抽调人员和设备支援新探区。从中华人民共和国成立到1986年年底，上千人的支援就有10多次，万人以上的支援有3次。

一次次支援新油田的开发建设后，大批年轻力壮的生产和技术骨干被调走，甚至有的采油岗位只剩下一把管钳……油田发扬"慷慨无私支援他人，历经艰辛发展自己"的"玉门风格"，新油田要人给最强的、要设备给最好的、要队伍给整建制的，真正做到了人走精神在，人减干劲增。

在中国石油工业大发展的重要时期，时任石油工业部部长余秋里提出，玉门油田要发挥"三大四出"的作用。作为国家第一个石油工业基地，玉门油田义不容辞地肩负起"大学校、大试验田、大研究所""出产品、出经验、出技术、出人才"的历史重任，全力以赴支援新油田开发和炼化项目建设。"凡有石油处，就有玉门人"，玉门油田累计向全国 50 多个石油石化企业和地矿单位输送以"铁人"王进喜为代表的骨干 10 万多人，从玉门成长起来的两院院士 9 名、省部级干部 15 名。设备优先支援他人，只有一台的拆走，有两台的拆走一台，累计支援各类精良设备 4000 多台（套）。玉门油田在勘探开发、石油炼制、企业管理等方面开创的二级构造带理论、低渗低产油层大规模压裂酸化、岗位责任制等技术和经验为兄弟油田和炼厂建设提供了宝贵经验。以玉门经验和技术作为重要支撑开发建设的大庆油田，把"中国贫油"的帽子甩掉了，中国石油从此建立起了自己完整的石油工业体系。余秋里曾这样评价：玉门油田为国家培养了大批人才，创造了成套的、中国自己的油田开发经验和技术，指导了全国石油工业的发展。

时任国务院副总理康世恩曾形象地称玉门油田是石油工业的"老母鸡"，并题词"新中国石油工业发展的摇篮"。在慷慨无私支援他人之后，自己面对人员紧缺、设备缺乏等困难，玉门石油人喊出"一不等、二不靠，自力更生闯着走"等口号，出现了人背钢丝绳修井、用拼凑的"四不像"钻机打井等壮举，形成了以"一厘钱""穷捣咕""找米下锅""小厂办大事""再生厂"为主的老玉门精神，成为激励玉门人奋发进取的一面旗帜。《人民日报》曾以"玉门风格"为题报道玉门油田慷慨无私支援他人、历尽艰辛发展自己的事迹。

支援克拉玛依油田建设。1954年，玉门油田派出1支钻井队到克拉玛依地区进行深井钻探。1955年年底，克拉玛依地区的黑油山1号井出油，玉门油田又派出1支钻井队、2支地震队、1支重磁力队、2支试油队、1支射孔队、1支电测队，携带设备仪器奔赴新疆会战。1956年8月，油田又支援了1支由50多人组成的标杆钻井队——张云清快速钻井队、1支300人的建筑安装队、1支50人的试油试采队，还有一批设计人员，同时调出1300吨油罐10具、10吨油罐车20辆、3.4吨拖罐车20辆。1958年年初，油田还将1208、1210、1206、1209四支钻井队调至克拉玛依。当年5月，油田派出上千名油建工人建设从克拉玛依油田到独山子炼油厂的输油管道，全长147千米，这是中国第一条长距离输油管道，年输油能力达53万吨。1959年3月，油田将新建成的一座年加工原油50万吨的常减压装置运往克拉玛依油田，并陆续调去400多名领导干部和技术骨干。

从1956年开始，玉门油田先后派出12000名职工参加克拉玛依油田的开发建设。

支援青海油田建设。1955年8月，油田将运输处第三运输大队的人员和全部车辆调往柴达木，将包含300人的钻探大队划归青海石油勘探局。当年11月，第一支支援柴达木的3269钻井队抵达茫崖，由他们承钻的柴达木盆地第1口深探井——油泉子泉1井开钻，并于12月12日获得工业油流，自此揭开了柴达木会战的序幕。1956年，油田抽调13支钻井队、3支试油队、3支安装队参加会战，先后从玉门运往柴达木的器材有1000多吨、各种油料有12000多吨。1959年，油田将新建成的1套20万吨/年炼油装置、2部快装发电机和全部人员调往柴达木。1978年9月，油田再次参加柴达木石油会战，1981年3月结束，先后有3支钻井队、4支地震队共1500人参加了会战。

支援四川油气田建设。1952年，油田陆续调出一批技术人员和工人充实四川地区的勘探队伍。1958年，玉门油田的44支钻井队、1支试油试采大队、1支运输大队及可以组建一座机修厂的管理干部和技术骨干，共3400多人，在副局长秦文彩的带领下奔赴巴蜀，参加川中石油会战。1966年，四川进行"开气会战"，玉门油田又组织700多人携带42台设备前去支援。

支援大庆油田建设。1958年，玉门油田派出4支深井钻井队支援松辽盆地勘探。1960年3月12日，首批奔赴大庆参加会战的1286人启程，其中就有王进喜和他的1205钢铁钻井队。到1960年6月，玉门油田先后支援大庆油田钻机13套、汽车20辆、大型设备40多台、大小工具配件1929箱、重晶石粉380吨，总吨数为4643.96吨，共发整车109辆。到1960年年底，玉门油田组建钻井、采油、油建、运输、机修等26套整建制队伍，从专业机构抽调8371名职工，分批赴大庆参加会战。1961年，玉门油田又抽调7631人分批赴大庆参加会战。1962年，油田给大庆调去大型钻井队3支、地质队8支，共540人。几年间，玉门油田共派出18000多人赴大庆参加会战。

支援胜利油田建设。1956年，玉门油田派出32120钻井队支援山东的石油勘探。1961年，油田派出其他钻井工程技术人员支援山东石油勘探。1962年6月，油田调电法二队30人赴山东支援石油勘探。1964年，油田抽调采油、修井、机修、运输、油建、输变电等51个专业工种500多人参加东营会战，并送去了钻具和试井设备。随后还派出自喷转抽、钻具制造等方面的技术人员到胜利油田协助工作。

支援江汉油田建设。1965年，玉门油田成立了"支援江汉领导小组"，按照"要啥给啥，全力以赴保江汉"的要求，立即抽调3支大型钻井队、2支中型钻井队，以及安装、固井人员和行政技术人员前去支援，并带去钻机、配件、测井车、水泥车、吊车、卡车、洗井机、锅炉、活动房、发电机等设备56个车皮。之后，陆续抽调人员和设备支援江汉油田的勘探开发。截至1967年，油田调往胜利、江汉两油田参加会战的人员达5200多人。

支援长庆油田建设。1966年，油田将银川石油勘探处改组为银川石油勘探指挥部，组织地质、地震、测量、电测、水文、研究、钻井、试油、采油、后勤队伍在3000多平方千米的范围内进行勘探。1969年10月，玉门油田按照石油工业部决定组成"陕甘宁石油勘探会战筹备组"。1970年2月，油田党委在庆阳召开扩大会议，成立"陇东石油会战指挥部"，发出"全局总动员，跑步上庆阳"的号召，抽出1/3的职工和1/2的优良设备参加会战。1970年9月26日，油田3208钻井队承钻的庆一井喷油，标志着长庆油田的兴起。1970年11月3日，兰州军区成立长庆油田勘探指挥部，参加会战的15000多名职工艰苦转战在横跨陕甘宁三地的鄂尔多斯盆地。在"跑步上庆阳"的口号声中，玉门全局总动员，局级领导2/3坐镇庆阳，将1/3的人员和1/2的钻、采、修设备送到了庆阳，玉门油田有14000人参加了会战，是建设长庆油田的主力军。

支援辽河油田建设。1975年，辽河油田开发规模扩大，人员紧缺，玉门油田迅速组建了前进、沈北2个采油矿机构，从党政领导到技术负责人全部配齐，并带去了采油、修井、注水、试井、输油、检泵、机修等18支专业队。

支援吉林油田建设。1975年，吉林油田开发红岗油矿时没有完备的队伍，玉门油田立即按一个正规油矿的建制，从党委正副书记、正副矿长、主任地质师和主任工程师到机关14个科室长、

12 个基层作业队队长及各专业的技术骨干全部配齐。从公布名单到启程，400 多名职工和 500 多名家属 4 天内全部出发。

支援河南油田建设。1975 年，南阳地区石油勘探取得大突破后人员告急，玉门油田马上组建了 1 支综合采油队和修井、机修等 5 支专业队前去支援。1978 年，河南油田开发下二门油矿缺人，玉门油田又支援了 600 多名职工。

支援华北油田建设。1976 年，玉门油田抽调钻井、采油、运输、水电、医疗等专业职工 1600 多名前去会战。1977 年，油田成建制地支援采油职工 400 人，组建了华北油田采油四矿。

支援中原油田建设。1984 年，中原油田开发规模扩大，急需成建制的采油队伍，玉门油田抽调 1000 多名职工组建了中原油田采油四厂，从党政工团领导到工程技术人员，从机关科室长到基层队站长，从一般干部到班组工人全部配齐，就连卫生所大夫、小学老师都一一落实。

支援炼油厂建设。1954 年 3—4 月，玉门油田抽调炼油厂部分生产骨干分两批前往上海炼油厂，支援蒸馏、裂化装置开工建设。同年 5 月，又抽调职工前往上海炼油厂支援裂炼厂的新建。

1953 年，玉门油田从炼油厂抽调大批技术干部参加兰州炼油厂的筹建工作，其中有厂长、工程师、车间主任和技术人员。1956 年 4 月，玉门油田又抽调了 205 名专业技术干部和工人参与兰州炼油厂的设备安装、调试等工作。

玉门油田还先后从炼油厂抽调人员参与南充炼油厂、荆门炼油厂、长岭炼油厂的建设。

支援其他油田及单位建设。除大批支援外，玉门油田还向江苏油田、冀东油田、北京石油学院、西南石油学院、西安石油学院、石油物探局、石油管道局、第二石油建筑公司、石油运输公司、海洋石油总公司输送了技术骨干。

截至1986年年底，玉门油田支援全国油田、炼油厂及有关单位人员达7万多人。1989年，中国石油天然气总公司实施"稳定东部，发展西部"战略，玉门油田近万名职工西出阳关，参加具有时代特色的吐哈石油会战，在不到4年的时间里建成具有年产原油300万吨生产能力的吐哈油田。

80年来，我国相继发现新油田，先后有10万多名玉门优秀儿女支援全国兄弟油田建设。他们从玉门走来，南下四川，北上大庆，东去庆阳，西进吐鲁番，无私地支援祖国各地的石油工业建设，玉门儿女的脚步走过白山黑水、黄河两岸、燕赵大地、烟雨江南、天山脚下、巴山蜀水，在祖国每个油田建设的主战场上都留下了玉门人的足迹和身影，铸成了"凡有石油处，就有玉门人"这脍炙人口的佳句，成为"石油工业摇篮"最鲜活的注解。

在中华人民共和国历次石油大会战中，总能找到玉门人忙碌的身影。在一次次断臂支援的大输送中，玉门油田成为中国石油最挺拔的脊梁，体现了玉门人胸怀大局、情溢神州的历史担当。

如果说玉门的历史是一本厚厚的书，它的扉页上会写着20世纪50年代，派出油田大部分专家参加我国第一个百万吨级炼油厂——兰州炼油厂建设；20世纪60年代参加大庆会战，担任主力，贝乌四队、贝乌五队等玉门王牌队的1.8万人成建制地开赴一线，铁人铸成石油魂，决心甩掉落后帽，誓为祖国献石油；20世纪70年代，1.8万人跑步上庆阳；20世纪80年代重战吐鲁番，最后拿下好油田。

这几十万玉门大军出师后，为地方油田带去了经验，又培养出众多石油人。可以说，正是有了玉门这个中国石油的摇篮，才有了如今我国石油工业的伟业。

当年以孙健初为代表的石油先辈和开拓者，排除万难探油建厂，开创了我国石油工业之先河。60多年来，玉门油田成绩斐然，中外同钦。玉门有许多荣耀称号：中国第一个石油基地、中国石油工业的摇篮。这里是近代中国石油工业的大学校、大试验田、大研究所。这里不仅出石油，而且出技术、出经验、出人才。这就是玉门人引以为傲的"三大四出"。从准噶尔到柴达木，从大庆到胜利，从长庆到吐哈，十万石油大军浩浩荡荡，从这里奔赴各个会战前线。"那都是我们的精兵强将，我们像母亲送儿子一样，把他们送到石油建设最需要的地方。"王进喜的老战友赵兴仁谈到这段历史，感慨万千。

中华人民共和国成立之初，国家百废待兴，工农业生产以前所未有的速度向前发展。但由于西方资本主义国家的封锁，我国能源紧缺问题日益突出。贫油像一个"魔咒"高悬在中国人的头顶挥之不去，严重制约国民经济发展，国家安全也受到了威胁。朱德曾忧心忡忡地说："没有石油，坦克飞机还不如打狗棍。"

尽管玉门油田建设被列入"一五计划"，但石油工业仍是国民经济最薄弱的环节，已有的石油基地大多居西北一隅，很难满足东部沿海各省的需要，而沿海地区又是国家工业发展潜力最大、最需要石油的地区。因此，为油而急的石油工业部领导在国家制定"二五计划"时提出，一定要实现"一吨钢一吨油"的目标。然而，1957 年全国钢产量已达 535 万吨，而原油生产能力只有 173 万吨，石油要同钢铁并驾齐驱发展的目标没能实现怎么办？中国的石油工业发展道路应该怎么走？

1953 年，毛主席、周总理就中国石油前景问题询问了当时的地质部部长李四光。李四光根据石油生产和储存的地质条件，深信中国拥有丰富的油气资源。1953—1955 年，谢家荣、李四光、翁文波等地质学家都将松辽盆地划入含油气远景区。此外，阮维周、潘钟祥、高振西、侯德封、张文佑等地质学家从我国地质条件出发，提出陆相沉积可以生油的理论，相信松辽盆地有较好的含油气远景。根据李四光等地质学家提出的陆上沉积找油理论，地质部开始在中国最大的陆上沉积盆地——松辽平原进行石油勘探。

1955 年 6 月，地质部向东北地质局下达石油踏勘任务。同年 8 月，一支由韩景行带队、6 名大学生组成的松辽盆地石油地质踏勘组（地质部第二普查大队前身）在盆地东部沿第二松花江而上，在吉林—老少沟，沈阳—哈尔滨铁路两侧踏勘，发现有荧光反应和油味甚浓的泥岩，这成为在吉林地区进一步进行石油勘探的依据。

同年 9 月，东北地质局组成了以韩景行为组长，束庆成、王胜、陈本善、赵福洪为成员的踏勘小组，他们初步设计了三条踏勘路线：第一条是沿第二松花江两岸进行调查；第二条是自长春市沿长大铁路以东、大黑山山脉西侧至沈阳进行踏勘；第三条是从沈阳到阜新。踏勘小组在东三道沟和闵家屯附近发现了丰富的价形虫化石和油味很浓的灰色泥岩，敲打时有沥青臭味。在第二松花南岸老少沟发现较多中新生界地层露头。这是最早建立和命名的所谓白垩系—第三纪"松花江统"地层的标志地。从此，开启了松辽盆地油气勘探史上的新纪元。

1956 年 1 月 1—5 日，地质部在北京召开第二次全国石油普查工作会议，会议决定组建以负责全松辽盆地石油地质普查为主要任务的松辽石油普查队（157 地质队，以原东北地质局探勘组为基础组建）和地球物理探矿局北方大队 112 物探队。

1956 年 2 月，东北地质局 157 地质队按照上级部署，开始在松辽平原进行区域性质、地球物理预查工作，部署了横贯平原的区域性综合地球物理大剖面 5 条，沿松辽盆地边缘及其附近山区进行1∶100万线路普查。为使地质、物探相互配合，157地质队开始进行地质调查工作，在物探区部署了500～1000米的剖面钻探工作，并开展了测井工作。此次探查初步了解了松辽盆地轮廓，认为盆地内中生界具有生油、储油条件，具备含油远景，同时在公主岭、杨大城子、德惠、农安一带进行了浅井钻探。通过石油地质普查得出结论，松辽盆地具有良好的石油勘探前景。

1958年2月，党中央在成都召开工作会议，其间分管石油工业的邓小平用两个下午的时间听取了关于石油工业的情况汇报。当时汇报工作的是石油工业部部长李聚奎和勘探司司长唐克。随着汇报的深入，听取汇报和作汇报的人都沉浸在当时石油工业的窘状。

邓小平凝思着，渐渐地，他将目光移向祖国的东北方向，且眼神是那么坚定。李聚奎和唐克似乎从邓小平的目光中看出了什么，热切地期待着。邓小平把目光转回他们身上，说出了这样一段高瞻远瞩的话："石油勘探工作，应当从战略方面来考虑问题，战略、战役、战术总是三者结合的。把真正有希望的地方，如东北、苏北和四川这三块搞出来，就很好。在第二个五年计划期间，东北地区能够找出油来，就很好。把钱花在什么地方，是一个很重要的问题。总的来说，第一个问题是选择突击方向，不要十个指头一般平。"邓小平的话，从战略的高度深刻阐明了发展我国石油工业的道路和方向，从战略、战役、战术三个方面为石油工业制定了"勘探战略重点东移"的重大决策,体现了党中央、国务院发展石油工业的总方针。从此,石油勘探开始了由西向东的战略性大转移。石油工业部迅速组建了松辽、华北、华东石油勘探处,重点加强了对松辽盆地的勘探。

具有历史意义的石油工业战略东移,迎来了我国石油工业大发展的曙光。

1958年2月,随着党中央作出石油勘探战略东移的重大决策,包括玉门油田在内的广大石油、地质工作者满怀豪情,从祖国的四面八方来到广袤的松嫩平原,展开艰苦的地质勘探,终于在中华人民共和国成立10周年前夕发现了大庆油田。这一重大发现,翻开了中国石油开发史上具有历史转折意义的一页,并由此开始了我国石油工业的跨越式发展。60多年来,大庆油田几代石油人以"宁肯少活二十年,拼命也要拿下大油田""宁肯把心血熬干,也要让油田稳产再高产"的英雄气概,不断攻坚克难,创造了令人瞩目的辉煌业绩。

大庆油田的开发建设改变了我国石油工业的发展布局,甩掉了"中国贫油"落后的帽子,实现了石油基本自给。特别是从1976年开始,实现了年产原油5000万吨,连续27年稳产高产,创造了世界同类油田开发史上的奇迹,为我国现代石油工业体系的建立做出了重大贡献。

大庆油田的开发建设,在我国经受困难考验的时候有力地支撑了工业体系和国民经济体系的运转，以累计上缴各种税费1.1万亿元、连续9年位居全国属地纳税百强企业之首的突出业绩，在国家发展中发挥了国有骨干企业的支柱作用。

大庆油田的开发建设，使我国形成了符合油田实际、具有自身特点的管理模式和管理经验，并以此为基础陆续开发了胜利、大港、辽河等油田，走出了一条独立自主、自力更生的中国特色石油工业发展之路，为探索中国特色的新型工业化道路积累了重要的实践基础和宝贵经验。

大庆油田的开发建设，进一步印证了我国科学家自己提出的陆相生油理论，创新发展了一套自主研发、系统配套、世界领先的勘探开发技术，使主力油层采收率高于国外同类型油田。大庆油田的科技创新对中国石油工业乃至世界石油工业的发展具有积极作用。

大庆油田的开发建设，铸就了以"爱国、创业、求实、奉献"为主要内涵的大庆精神和铁人精神，造就了一支敢打硬仗、勇创一流的优秀职工队伍，涌现了"铁人"王进喜、"新时期铁人"王启民等在全国有影响力的先进典型，形成了团结凝聚百万石油人的强大精神动力，集中展现了我国工人阶级的崇高品质和精神风貌。大庆精神、铁人精神已经成为中华民族伟大精神的重要组成部分，是激励中国人民不畏艰难、勇往直前的宝贵精神财富。

大庆油田的开发建设，在实现清洁发展、节约发展、科学发展上不断取得新突破，在亘古荒原上催生了新兴城市，有力地带动了地方经济社会的发展。如今的大庆已成为一座现代化的新型石油城,经济持续发展,社会和谐稳定,人民安居乐业,是一片充满活力、充满希望的土地。

玉门的种子在大庆的黑土地上长成了参天大树。昔日的玉门,今日的大庆,都是共和国石油工业的脊梁,是世界石油工业史上璀璨的明珠。玉门与大庆血脉相连。大庆第一届领导班子的8位"当家人",有6位来自玉门;当年大庆的5面红旗,有4面出自玉门;大庆的"一滴油精神"暗合玉门的"一厘钱精神";大庆的"岗位责任制"与玉门的"石油师"军魂一脉相承……大庆油田连续高产稳产,创造了世界石油史上的奇迹,60多年累计为国家贡献原油近20亿吨,一举摘掉了"中国贫油"的帽子;大庆孕育出

△ 当年大庆的5面红旗,有4面出自玉门

的"三次采油"技术闻名于世，主力油田采收率突破50%，比国内外同类油田高10%~15%。今天，大庆人又喊出：打响高科技新会战。这种豪迈与气概，这种责任与底气，玉门与大庆从来都是一脉相承的。

玉门油田是中国石油工业的摇篮，大庆油田是中国石油工业的巨舰。玉门油田饱经沧桑，大庆油田年富力强。她们如同两颗璀璨的明珠镶嵌在祖国的大地上，与众多石油企业一起，挺起了中国石油工业的脊梁。

《中国石油报》2008年12月12日第四版刊载了一个专题《一次跨越时空的对话》，站在玉门遥望大庆，中国石油工业的种子在玉门孕育、萌发，在大庆长成参天大树。玉门和大庆因此成为中国石油工业的两个地标。

作为我国石油工业的发源地，玉门油田是石油人心中的圣地。诞生于国家百废待兴时期的玉门油田是以孙健初为代表的石油先辈和开拓者排除万难建成的，开创了我国石油工业之先河。玉门油田有许多荣耀的名字：中国第一个石油基地、中国石油工业的摇篮。这里是近代中国石油工业的大学校、大试验田、大研究所。这里不仅出石油，而且出技术、出经验、出人才。

当年，从准噶尔到柴达木，从大庆到胜利，从长庆到吐哈，十万石油大军从这里奔赴各个会战前线。

这几十万玉门大军出去后，带去了经验，培养了众多石油生力军。可以说，正是因为有了玉门油田这个中国石油工业的摇篮，才有了包括大庆油田这个我国石油工业的"长子"在内的今天我国石油工业的伟业。

今天，许多人可能只知道"铁人"的名字与大庆紧紧联系在一起，其实，玉门油田才是"铁人"的第一故乡。

1923年，一个放羊娃出生在玉门赤金镇和平村。长大后他走进玉门油田，后来随着中华人民共和国成立，幸运地成为中国第一代石油工人。他是石油大军中有名的"拼命三郎"，他把自己的命运融入中国石油事业。他的名字叫王进喜，人称"王铁人"。半个多世纪后的今天，铁人精神已成为百万石油人薪火相传的宝贵财富，"铁人"王进喜已然是中华民族的英雄。

玉门是块热土。生于斯长于斯的"铁人"在玉门立业，在大庆建功。这两片土地都印下了"铁人"深深的足迹，融进了"铁人"辛勤的汗水。今天，在玉门、在大庆、在中国石油工业的每个角落，都在传诵"铁人"的故事，铁人精神融入了石油工业的血脉，融进了每位石油人的灵魂，熔铸成一座精神丰碑。

正是凭借"宁肯少活二十年，拼命也要拿下大油田"的拼搏精神，在建成大庆、胜利、辽河等千万吨级大油田后，长庆、克拉玛依、塔里木等油田也进驻"千万吨俱乐部"，奠定了中国石油工业雄厚的根基。

正是凭借"有条件要上，没有条件创造条件也要上"的奋斗精神，开发出一大批特低渗透油气田，实现了新领域勘探的大突破。

正是凭借"为油田负责一辈子"的敬业精神和高度责任感，建成了包括西气东输管道和兰州石化、大连石化等千万吨级大炼化基地等一大批重点工程、精品工程……

今天，在中国大地上，有两座以同一个人的名字命名的纪念馆，那就是铁人纪念馆。这是生活在这两片土地上的人们怀念他们心目中的英雄的方式。两座纪念馆，一条感情纽带，将玉门与大庆用一种特殊的方式紧紧地连在一起，将百万石油人紧紧地联系在一起。

1969年，燃料化学工业部根据党中央关于"战备"和"三线建设"的指示，决定将陕甘宁盆地列为重点勘探战场。由于玉门油田长期以来在陕甘宁盆地做了大量的前期勘探工作，加之石油系统已在辽河、江汉、华北等地同时摆开了阵仗，无法从东部地区抽调大批队伍到陕甘宁盆地进行勘探，所以燃料化学工业部将组织陕甘宁盆地会战的重担交给了玉门油田。1969年10月，玉门油田组建了"陇东石油勘探会战筹备组"，编制《陕甘宁盆地1970年和"四五"期间石油勘探会战初步方案》。

长庆油田是陕甘宁盆地内10多个大小油气田的总称，因其最初的基地设在甘肃庆阳的长庆桥而得名。该地距玉门油田的公路里程有1500多千米，长庆会战之所以由玉门油田来组织，既有历史的原因，又有现实的原因。

早在20世纪40年代，玉门油田的勘探人员就到过陕甘宁盆地，先后对陕西彬县及甘肃泾川、固原、平凉等地进行了地面地质调查。

20世纪50年代，玉门油田组建了鄂尔多斯钻探大队，并抽调了多部大型、中型、小型钻机前往宁夏灵武、盐池等地进行石油地质钻探，对该盆地的地质构造有了初步的认识。

1963年，石油工业部将银川石油勘探处划归玉门油田领导。由于加大了勘探力度，很快就发现了马家滩、李庄子两个小油田。

1966年，根据石油部局、厂干部会议的要求，为了迅速探明马家滩、李庄子油田的含油面积和寻找新的构造，玉门石油管理局决定将银川石油勘探处改组为银川石油勘探指挥部，抽调副局长石万福任指挥部党委书记兼指挥，吴开富、王嘉善、李汉卿、苗生林、辛万铭、李根明、潘瑗等任副指挥，将指挥部机关由银川市迁往马家滩，并从玉门抽调队伍、设备，与原银川的勘探队伍组成了10支地质队、10支地震队、2支测量队，以及电测、水文、研究队各1支，此外还有18支钻井队、7支试油队等。按照"侦察银川地质和六盘山盆地突破灵武、盐池地区出油关"的工作方针，在3000多平方千米的范围内放开勘探。经过3年多的努力，不仅使马家滩、李庄子油田得到全面开发，而且相继发现了马坊、于家梁、大水坑、大东、王家场等油田，并在黄土高原的石油勘探开发方面积累了较为丰富的经验。

1970年1月19日，玉门油田党委、革委会召开第六次常委联席会议，重点研究如何加快陇东找油的步伐。会议认为，虽已抽调1500多人前去会战，但还不够。决定马上召开会议，向各厂矿党政领导宣传会战的形势和任务，使各单位都能迅速跟上会战的步伐；决定在局机关成立"三线建设办公室"，由于耀先、窦小群、闫思贵负责，下设物资、调运、政工3个小组。

3天后，会议如期召开。通过广泛讨论，会议明确：玉门油田党政领导班子重心东移，全局上下全力以赴保陇东会战，要人给精兵，要设备给最好的，当玉门与陇东的需要发生矛盾时，要优先满足陇东的需要。对参加会战的干部、工人要深入进行自力更生、艰苦奋斗的教育，延安传统、大庆精神的教育，打大仗、打硬仗、吃大苦的教育。

1970年2月2日，会场从玉门移到了庆阳，局机关各部门负责人和局属二级单位的党政领导全部参加，与会人员用6天时间再次研究了当时陇东会战的方针、任务、工作部署，详细讨论了会战的有利条件和存在的问题。会议提出了"跑步上庆阳"的动员口号，并在"会议纪要"中对局机关和基层单位参加会战的人员、设备及早期基地建设等作出明确、具体的规定。

从2月起，局两委领导重心东移，坐镇陇东，全面领导玉门和陇东的各项工作。在玉门组建了一个小的领导班子，实施对玉门的领导。

局机关三部一室要抽调2/3的办事人员到陇东地区；机械厂、

汽修厂各抽调一半人员和设备到陇东；内燃机大修厂抽调1/3的人员和设备到陇东；钻机修理除给玉门留下少量维修人员外全部移到陇东。

地面工程处只留200人在玉门，其余人员迅速赶赴陇东。运输处的大小车辆要上够150辆（小车数要达到13辆），并配够维修人员。水电厂按1500千瓦快装发电机的规模配备人员。另外，电话架设、维修、给水按整个探区的规模配够人员。

报社立即配备一个能够印刷一般报表、资料和学习文件的小型印刷厂；在不影响玉门油田出报的情况下，抽调2/5的人员前往陇东建设基地。基地建设本着"靠山、分散、隐蔽"的原则，以长庆桥为中心，由局统一规划，供给必要的物资，各单位自己动手，因陋就简、就地取材，因地制宜、少占耕地。在建设步骤上，先生产、后生活，先安装设备、后建厂房。对留在玉门的职工进行一线与三线关系的教育，以及个人意愿与组织需要关系的教育。

会议结束后，玉门油田从局机关到各基层单位迅速掀起了"全局总动员、跑步上庆阳"的热潮。

当时的局机关共有185人，首批确定去长庆的有101人，宋志斌、赵启明、于耀先等局领导也在其中。14人的组织组调走了9人，12人的财务组调走了8人，8人的器材组调走了5人，局办公室的9个秘书调走了8个……调走的干部将办公桌、文件柜等一并带走。一时间，局机关的很多办公室变得空空荡荡。

玉门油田当时只有 4 支地震队，连人带设备全部调到了长庆。钻机留下了 3 部，其余全部调走，并在庆阳组建了钻机修配厂。1300 多人的油建队伍，只留下了 200 多人，361 台设备只留下了 20%。运输方面仅卡车就调去了 149 辆，还配备了足够的汽车修理人员和机修设备。机械厂调去了 680 人，在陇东组建了 5 个车间和 1 个材料库，车、铣、刨、镗等机床带走了 187 台。水电厂调走多名发电、供电、供水、电话等专业人员，以保障会战的水电供应和通讯畅通。职工医院调去医护人员 176 人，组建了最早的野战医院。消防、印刷、物资供应人员也分批前往陇东地区。

由于对长庆会战的意义、前景宣传得十分深入，且局厂领导带头参战，全局上下对参加会战都非常积极，接到调令的人欢呼雀跃、奔走相告；有的职工生病了，但病情稍一好转便立即追赶自己的队伍。有的家人正在住院，职工为了不耽误会战，就拜托他人照料。由于长庆当时没有家属住宅，调走的职工将家属全部留在了玉门。

因为是短期内大批调人，且恰逢客运高峰，给人员、货物的运送带来极大的困难。在玉门东站整装待发的职工排着长队等候买票。一些客车因超员严重在玉门站根本不开车门，等候上车的职工站在站台上黑压压一片。客车门一开，人们蜂拥而上，哪怕在车厢过道站到目的地，人们也毫无怨言。在调运设备时，由于咸阳货运站台周转不开，铁路局命令玉门南站限装限运，导致站台上的设备物资堆积如山。车皮一到，装车的职工总是千方百计地满装快发，以保证会战队伍能尽早开始工作。1970年3月底，近8000名从玉门调去的职工全部到位，1348台（套）各类设备也全部运抵。4月5日，部署在陇东地区的第一批探井全部开钻，大规模的长庆石油会战正式打响。

4月25日，全国石油工业会议在玉门闭幕。会议将陕甘宁盆地列为全国五大勘探地之一。5月2日，为了落实玉门会议的精神，玉门局在庆阳召开了陇东探区三级干部会议，除局、厂、基层队干部外，还邀请了部分老工人和技术人员参加。会议进一步明确了陕甘宁盆地石油会战的方向，落实了会战的具体措施。与会人员认识到在陕甘宁盆地找到石油是改变我国石油工业布局和实现石油储量翻番的战略性任务，光荣而艰巨。

5月17日，根据石油工业玉门会议精神，玉门局党委、革委会经过反复讨论，决定除继续加强陇东地区的勘探外，再组建10支浅钻队到陕甘宁盆地的渭北地区开展浅油层勘探。同时将玉门局银川石油勘探指挥部6400名职工整建制划入陕甘宁盆地的勘探开发队伍。至此，陕甘宁盆地的勘探部署全面展开。

8月7日，位于华池县城关的庆3井在侏罗系地层试油，日产纯油27.2立方米。这是陇东地区的第一口出油井，也是华池油田的发现井。

9月2日，位于华池县山庄的华参2井试油日产18.3立方米。

9月26日，位于庆阳县马岭的庆1井日产油36.3立方米，这是马岭油田的第一口自喷井。

紧随其后，庆2井、长7井、长10井相继出现含油显示。同时，地质部在吴旗、庆阳、山庄等地钻的参数井也出现了含油显示，从而形成了庆阳、华池、吴旗7000平方千米的找油有利地区。

9月27日，玉门局党委决定成立陇东石油勘探指挥部一、二分部临时党委会。一分部由温满仓、李清芳任副书记，二分部由李占山、张水清任副书记。两个分部的机关均设政工、生产、后勤办公室。

10月1日，为期8天的玉门局党委扩大会在华池县闭幕。局党委书记宋志斌在会议结束时对陇东会战初期的情况进行了总结：

> 从1969年12月开始，到1970年9月底，陕甘宁盆地参加会战的职工总数达到19000人，其中陇东指挥部9200人、银川勘探指挥部6400人、新疆局1700人、六四六厂1700人。拥有地震队30支，钻井队36支，井下作业队16支，电法、重磁力队6支，以及相应的后勤队伍。
>
> 经过近一年的会战，打开了黄土地区的大门，创立了人拉肩扛等有效的施工方法，初步实现了地震高速度。发现56个隆起，当年钻探当年见效。第一批开钻24口井，已完钻的14口井中都见到了良好的油气显示，庆3井、华参2井、庆1井试油日产达20~30立方米。基

本建设因陋就简，在3个月内建成42000平方米的窑洞、砖基土坯墙厂房。

会议还安排了陇东地区1971年的勘探方针和任务：重点突破华池、黑河、庙湾3个地区，主攻侏罗系，控制延长统，侦察古生界，拿下陇东油田，尽快开发渭北浅油层。控制150平方千米的含油面积，拿到1亿吨以上的地质储量。

1970年10月12日，国务院和中央军委批转了燃料化学工业部《关于请兰州军区组织陕甘宁地区石油勘探指挥部的请示报告》。

11月3日，兰州军区党委发布文件，通知：①组成军区陕甘宁地区石油勘探指挥部。由李虎任指挥兼政治委员，齐涛任第一副指挥，焦万海、宋志斌、张少庭、胡正平任副指挥。②由李虎、齐涛、焦万海、宋志斌、胡正平、张少庭、夏继平、于耀先组成陕甘宁地区石油勘探指挥部党委……

1971年1月15日，会战指挥部发布文件，明确了编制序列：以玉门局在陕北的勘探队伍和新疆局的渭北大队组成一分部；以玉门局陇东勘探指挥部组成二分部；以玉门局银川勘探指挥部组成三分部；以玉门局的陇东地震勘探队和六四六厂的勘探队组成四分部。

从此，玉门局参加陕甘宁盆地石油勘探会战的15600名职工在兰州军区的统一领导下,与各兄弟油田的职工一道艰苦奋斗,并肩协作,短短几年就建成了一座年产100万吨原油的新油田。

玉门油田在吐哈盆地勘探找油有着较长的历史。

1958年3月,玉门矿务局组建吐鲁番勘探大队,负责吐鲁番盆地的石油地质勘探工作,当年组织了4支地质队、4支测量队、1支电法队和12台钻机在该盆地开展工作,先后在塔克泉进行了地质详查,在丘陵、柯柯亚等地进行了构造细测,在黄草湖、柯柯亚、七克台、红山等地进行轻便钻井,在雁木西、七克台、胜金口进行了参数井和深井钻探,发现了七克台、胜金口2座油田。

1959年3月,玉门矿务局改组为玉门石油管理局,下设吐鲁番矿务局,由管理局副局长陈宾兼任矿务局局长。当年组织了4支地质队、3支地震队、2支测量队、2支电法队,以鄯善为中心,在西起胜金口、东至七克台、南达塔克泉、北至柯柯亚的范围内开展地质、地球物理、钻参数井等工作,共钻探9个构造,在4个构造见到油气显示,并对胜金口油田进行扩边钻探。同时,基建、机修、物资等部门基本配套,会战职工总数超过3000人。

自1960年起,由于支援大庆会战,吐鲁番盆地的勘探队伍逐年减少。1961年8月,撤销吐鲁番矿务局,改设吐鲁番勘探处。1964年12月,经石油部批准,吐鲁番勘探处剩下的812名职工全部调回玉门工作。1965年1月,吐鲁番勘探处正式撤销,为期7年的第一次吐哈石油会战结束,吐鲁番盆地的石油勘探移交新疆石油管理局。

1986年年初，石油部召开局厂长会议，决定将吐鲁番盆地的石油勘探任务再次交给玉门油田。同年10月，玉门石油管理局党委书记王鹏率领副总地质师王昌桂等20多人前往吐鲁番盆地进行实地踏勘，并将石油部的决定向新疆维吾尔自治区人民政府作了汇报，与新疆石油管理局就吐哈盆地的石油勘探工作进行了交接。12月，玉门局档案馆派人赴乌鲁木齐将玉门局20世纪50—60年代在吐鲁番盆地形成的勘探、开发档案运回玉门。

1987年2月，玉门局召开勘探会议，决定将吐鲁番盆地的勘探工作列为当年的重点，并派遣勘探队伍前往吐鲁番盆地进行勘探。由于有第一次会战吐鲁番的大批档案可借鉴，加上勘探技术装备的改善，很快就确定了首批钻探区域。同年9月22日，位于鄯善火车站西南方约10千米处的台参1井开钻，并于1989年1月5日获工业油流，被誉为当年石油工业的第一枝报春花。

1988年3月3日，中国石油天然气总公司决定成立"吐鲁番—哈密石油勘探项目组"，并直接领导，对外称"新东石油勘探公司"，同时明确玉门局为该项目组的依托单位，负责该项目的日常管理，拥有优先获得该项目的油气探明储量的有偿开采权。随后，吐参1井、托参1井等相继开钻。

1990年8月11日，中国石油天然气总公司决定以玉门局党政领导为主组建吐鲁番石油勘探开发会战指挥部。王鹏任临时党委书记，刘世洲任副书记；赵熙寿任指挥，唐世荣、王昌桂、崔辉、王世信、郭敬等任副指挥。同年12月，玉门局决定在吐鲁番指挥部设立行政办公室、党委办公室、勘探部、开发部、钻井工程部、生产协调部、经营部、基建工程部、科技发展部、装备部，定员267人；鄯善采油厂定员979人，试采指挥部267人，机关附设的综合研究大队、通讯站、水电队、消防警卫队等共有406人。

1991年1月1日，象征着玉门油田开发52周年又焕发青春的52辆油罐车从鄯善抵达玉门，石油城一片沸腾。同月，玉门局将吐鲁番会战指挥部机关原有的部改为处，并增设规划计划处、财务处、劳动工资处、外事处、水电筹建处、生活管理处、物资供应处，完善了机关的管理职能。同年2月13日，中国石油天然气总公司决定成立"吐鲁番—哈密石油勘探开发指挥部"，并直接领导。同时明文规定：吐哈会战充分依靠和利用玉门油田的力量和优势，会战的后勤保障主要由玉门油田承担，玉门油田要在保证老区稳产的同时，全力以赴参与和支持会战，油田建成后统一由玉门石油管理局管理。

1991年3月8日，中国石油天然气总公司决定，吐鲁番—哈密石油勘探开发指挥部的领导班子成员由以下人员组成：谭文彬任指挥，赵熙寿任常务副指挥，杨秀森、吴碧莲、张福祥、秦安民、罗玉成、梅士琪、唐世荣、姚树娣、王世信任副指挥，翟树人任总工程师，王昌桂任勘探总地质师，崔辉任开发总地质师。原吐鲁番石油勘探指挥部撤销。

1991年3月21日，中国石油天然气总公司王涛总经理到玉门。24日在全局干部大会上要求：玉门油田在"八五"期间，集中力量打好吐哈会战，1995年要产油400万吨；老区保持50万吨稳产，配套建成150万吨综合炼油加工能力。

玉门油田积极响应号召，倾尽所有，集中人力、财力、物力，确保吐哈会战顺利进行，原油日产量迅速上升。1991年11月22日，首列满载鄯善原油的火车抵达玉门南站，玉门局举行了隆重的欢迎仪式。

在玉门石油人的艰苦努力下，一座年产300万吨原油的大油田落成于中国的西部。

1995年6月23日，中国石油天然气总公司副总经理一行到玉门，宣布了理顺玉门—吐哈管理体制的决定，除玉门局已在吐哈会战的人员外，另将玉门局所属的地调处、钻井处、录井处、运输处、油建公司、二机厂等整建制划拨吐哈会战指挥部管理。至此，玉门局共为吐哈调拨职工16669人、设备2647台。

红色工業

第 10 章
CHAPTER TEN

"石油摇篮"里孵化出的
玉门风格

支援新油田建设已经成了玉门职工的自觉行动：只要是新油田需要，要人，玉门给最强的；要设备，玉门给最好的；要多少，玉门给多少；什么时候要，玉门什么时候给！领导要他们支援的，玉门积极支援；领导一时想不到，玉门主动支援……1972年12月25日，《人民日报》头版头条刊发的《玉门风格》描绘了一个事实：玉门职工就像种子，撒遍了祖国石油工业战线，玉门风格也在广大石油工人间广泛流传。

"在我国石油工业战线上，人人都夸玉门好，夸它共产主义风格高。到过玉门的人怀念玉门，没有到过玉门的人向往玉门，许多油田的职工都在感激玉门。"这是1972年12月25日《人民日报》头版头条刊发的《玉门风格》的开篇语，"今天，无论是在茫茫戈壁，还是在辽阔荒原；无论是在昆仑山下，还是在嘉陵江边，只要是全国解放以后开发和建设的油田，都有来自玉门的职工"。

静静地伫立在祁连山下的玉门油田，从1949年10月到2009年8月，先后支援了大庆、胜利、长庆、吐哈等20多座油田建设，还支援了上海、兰州、长岭等炼油厂建设，输送管理人员、技术骨干和员工12万人、设备4000多台（套）。

"苏联有巴库，中国有玉门。凡有石油处，就有玉门人。"《玉门风格》引用了诗人李季的诗，描绘了一个事实：玉门职工就像种子，撒遍了祖国石油工业战线，玉门风格也在石油工人间广泛流传。1964年春天，周总理在第二届全国人民代表大会第四次会议上向全世界庄严宣告"中国需要的石油，现在已经可以基本自给，中国人民使用'洋油'的时代，即将一去不复返了"。

这个消息犹如一股浩荡的春风，吹遍了全中国，吹过了玉门关。这一消息使全国人民受到了极大鼓舞，尤其是玉门职工，他们无比激动。为了实现中国人民的这一宏愿，他们战斗了无数个日夜。

在那难忘的艰苦岁月里，由于西方资本主义国家的封锁，国家对于石油的需要是多么急切！作为我国第一个天然石油基地的玉门，肩上的担子有多么沉重！为了尽量多生产石油，玉门有多少职工吃在井场、住在井场；又有多少职工白天奋战、晚上奋战，他们争取一切时间为国家做贡献。"不论是领导干部，还是职工和家属，经常端着盆、提着桶、顶烈日、冒寒风，跑到老远的戈壁滩去收集散失的原油。可是，不论怎样齐心协力地干，艰苦奋斗地干，也满足不了国家日益增长的需要！他们望着火车站上那一列列空着的油罐车，难过得饭吃不香，觉睡不甜。他们痛切地感到：我们的国家这么大，建设的速度又这么快，光靠一个玉门怎么行？需要更多的玉门，需要更大的玉门！他们认为，全力支援国家建设更多的玉门，建设更大的玉门，这是自己义不容辞的责任！"

就在这个时候，我国发现了更大的玉门——大庆油田的消息传到了这座塞外油城。整个油城顿时沸腾起来，人们喜出望外，奔走相告，局党委的领导同志更是兴奋得走到哪里，讲到哪里，宣传全国的大好形势，宣传支援大庆的重大意义。

"人们焦急地期待着支援新油田的调令。几天之内，上千封申请书，从四面八方送到各级党委。有的人白天还在岗位上紧张劳动，接到通知，家信来不及写，衣服来不及换，打起背包，连夜出发。"就这样，以全国劳动模范王进喜率领的1205钻井队为代表的玉门石油职工，一批一批地带着成套的设备，离开玉门，日夜兼程，赶往大庆。他们在党的领导下，和全国兄弟油田的同志一起，艰苦奋斗，忘我劳动，仅用了3年多的时间，就将大庆油田基本建成，实现了我国石油基本自给！

满足国家石油的需要这一愿望，靠玉门本身无法实现，当有了"更大的玉门"，很快就实现了。实践进一步提高了玉门职工支援新油田的自觉性。只要是新油田需要，要人，给最强的；要设备，给最好的；要多少，给多少；什么时候要，什么时候给！

但最可贵的当属玉门人在支援中表现出来的革命精神和玉门风格。

有一次，一座新油田需要一台固井输灰车，当时玉门油田只有一台。有了输灰车，固井时只要几个人就够了。如果没有输灰车，每固一口井就需要几十人，甚至上百人，人们要在一小时内把几千袋50千克的水泥扛到两米多高的固井车上。稍有延误，就会影响固井质量。因此，固井是一场紧张又艰苦的战斗，参加的人总是满身汗水满身灰。现在新油田需要，他们毫不犹豫地支援。他们说："新油田条件比我们差，困难比我们大。我们需要输灰车，新油田更需要输灰车。把输灰车调给新油田，这水泥袋子我们扛！"

支援新油田已经成了玉门职工的自觉行动。领导要他们支援的，他们积极支援；领导一时想不到的，他们想到了就主动支援。他们常说：新油田不是在荒原，就是在戈壁，缺一颗螺丝钉也开不了钻，支援的时候考虑不周，就会影响建设速度。机械厂的同志想到新油田没有工房，宁肯自己露天忍受风吹、日晒、雨淋，也要把自力更生建起来的400平方米活动厂房支援新油田。锅炉队的领导发动全队职工为支援新油田出主意。他们想到新油田在荒野上，第一顿饭怎么吃，于是就赶制了一口大锅；又想到新油田所处的地方缺石头，有了锅架不起，又造了一副锅架。就连煤铲、火钩也配得齐全。他们的想法是：哪怕自己多想一点，也要让新油田的人感到方便。

大批人员和设备支援大庆后，在白雪皑皑朔风呼呼的祁连山下，出现了玉门职工艰苦奋斗自我发展的动人场景。七八十人排成行，如在运动场上拔河一样，背着钢丝绳，硬是把四五吨重的抽油杆和油管从井底一节一节地拉了上来，清去管壁结蜡，冲去管内积沙，然后再一节一节地放下去。这样，每修一口井，这七八十人就背着钢丝绳，在井场上来回跑200多趟，相当于负重行走超过15千米。更艰难的是下油管的时候，油管越接越多，负荷越来越大，大家的两只脚像刹车片一样在地面一点一点地向前滑动。要是动作不协调，或者有人滑倒，油管下降的强大拉力便会使所有人失去控制，不由自主地向前扑倒。有的人鞋后跟蹬掉了，有的人脚流血了，有的人肩膀磨破了，但为了保证安放油管的质量，人们的牙总是咬得紧紧的，手里的钢丝绳总是攥得牢牢的。玉门职工就在这样的年代里、条件下克服了缺乏修井设备的重重困难，在国家最需要石油的时候生产了大量原油。

这人背钢丝绳并不是简单地检修油井的战斗，而是玉门职工自我发展的典型。他们从实践中懂得，支援别人重要，自我发展同样重要。不发展，就完不成国家交给的生产石油的任务；不发展，更完不成继续支援兄弟油田的任务，那还谈得上什么共产主义风格呢？

10年过去了，修井设备不足的问题早已通过玉门人的自力更生解决了，在玉门，修井也不用人背钢丝绳了。当年背过钢丝绳的职工也一批跟着一批地离开了玉门，转战新油田了。但是，人背钢丝绳的精神却永远留在了玉门职工的记忆中，鼓舞着玉门职工在自我发展的道路上大步前进！

1970年，玉门油田1/3的人员和1/2的钻井、机修、运输设备调走了。人力紧张、设备不足、工种不全，有的班组甚至只留下了一名老工人和一个工具箱。困难又一次考验着玉门人，他们发扬人背钢丝绳的精神，挑起了原油生产的千斤担，写下了自我发展的新篇章。

特种车保养站仅有的一台钻床将调往新探区，老工人李祥文想：钳工没有钻床，就像孙悟空没了金箍棒，怎样才能在生产中打胜仗？调走钻床为了支援新探区，再造一台才能发展自己。于是，他们一边帮助新探区把钻床往外拉，一边把从废料堆里拣来的旧配件往工房拉。经过日夜苦干，调走的人还未全部上岗，调走的钻床还未在新探区安装，一台新钻床就造出来了。在他的带动下，保养站很快掀起了一场技术革新热潮，经过一年多的努力，调走了10多台设备，他们又造出了10多台，保证了各项生产任务的完成。

特种车保养站这种"只争朝夕"自我发展的精神，在玉门随处可见。

设备不足，靠自己造。广大职工豪迈地说："调走旧的造新的，调走洋的造土的，调走半自动的造自动的！"修造厂引擎班的一台关键设备搪瓦机被调走了，他们奋战了3个月制成了两台，性能还超过了原来的，工人们幽默地说："过去20年守着个'独生子'，如今3个月就生了对'双胞胎'。"

劳力不足，向自己要。工人苦干加巧干，向一专多能发展，采油工人能修井，修井工人能钻井，修理工人会制造，一人能顶几人用。

为了发展自己，玉门职工不仅不断解决着设备和劳力不足的问题，而且不断解决着改造油田的问题。他们响应"工业学大庆"的号召，认真学习大庆油田"两论"起家的经验，用毛主席的哲学思想进一步认识油田和改造油田。他们也和大庆那样,狠抓第一性资料,开展群众性油田分析活动,向"报废井""无油区""低产层"进军。终于把一口口"报废井"变成了生产井、把一块块"无油区"变成了有油区、把一片片"低产层"变成了高产层,使得这座开发多年的老油田焕发出了青春活力,创造了人员减少、产量增加的奇迹。

那是一个严冬,天飘着雪花,风卷着飞沙。拉运废料的司机看到年过半百的老工人王延治在艰难地搬动着封井器,他不解地问:"王师傅,别费那个劲了,咱玉门根本没有新打的高压井,还要封井器干什么?"王延治胸有成竹地说:"别总一天到晚只看着自己的鼻子尖。咱们用得着的要修,咱们用不着,新油田用得着的也要修。"他硬是一步一步地把两个笨重的封井器搬上了汽车。事隔不久,新探区急需封井器,出外采购的人员四处奔走,心急如焚。这时,他们想到了玉门,但他们又想:玉门早已不用封井器了,会有这个东西吗?当他们抱着试一试的想法来到玉门后,王延治抬出了早已修好且擦得锃亮的两个封井器,高兴地说:"我早知道,十年准能等个闰腊月,你们拿走吧!"

在玉门,有太多自我发展不忘支援他人的动人事迹:井下处的几名老工人造了一部自动刹车片加工机,电钮一按,刀具就会飞速旋转,自动切割。这时候,他们为自我发展所取得的成绩高兴,又不忘支援他人的责任。因为,过去支援的是个手摇机,于是，他们马上画了自动机的图纸寄给新探区。不久，一台自动刹车片加工机便在新探区飞速旋转了起来。

在玉门，人们常常看到从兄弟油田来的新徒工。玉门油田根据兄弟油田的需要，根据学习时间的长短，将这些新徒工分到钻井、采油、炼油、机修、运输等部门，制定具体培训计划，交给老工人带思想、传作风、教技术，进行全面培训。十几年来培训的新工人相当于玉门现有职工的86%。

在各个新油田，人们经常可以看到玉门职工在那里开展调研，他们的主要任务是学习兄弟油田的先进经验，以便更好地发展自己；同时了解兄弟油田的需求，以便可以尽自己所能提供支援。

玉门油田把自己这个局部同社会主义建设的全局有机地结合了起来。谈起这些，许多同志由衷地佩服："现在玉门石油的产量，虽然不占重要地位了，但是，玉门为发展我国石油事业表现出来的革命风格，却是用黄金也难以买到的。"

石油这种物质财富是宝贵的，玉门风格这种精神财富也是宝贵的。精神变物质，有了玉门风格这样宝贵的精神财富，就能够鼓舞人们、帮助人们创造更多的物质财富。

在中国，玉门油田是一个不朽的名字、是一部奋进的史诗、是一种永存的精神。

玉门油田是最早出现在中华人民共和国邮票上的油田。

1952年10月1日，邮电部发行了特五邮票《伟大的祖国建设》，其中4-3邮票上的图案是玉门油田炼油厂双炉热裂化装置一角。这枚邮票设计精美，突出了被誉为中国石油工业摇篮的玉门油田的特点。邮票呈长方形，正面突出地矗立着高高的炼油塔，背景是白雪皑皑的祁连山，几座雄伟的钻塔衬托着主景。

1952年是中华人民共和国成立的第四年，政局稳定、加强国民经济建设在当时来说是头等大事。为此，邮电部把当时国内石油工业龙头玉门油田放在国庆节发行的全国邮票上，无疑凸显了玉门油田在国民经济建设中的重要地位。

该邮票在玉门油田展览馆中有陈列。

以石油工人的光辉形象出现在国家发行的邮票上的，迄今只有从玉门走出的石油工人代表——王进喜，并且6年中出现过3次。第一次是1972年12月25日邮电部发行的编号为44的《中国工人阶级的先锋战士——"铁人"王进喜》；第二次是1974年9月30日发行的编号为T·4的《大庆红旗》4-1"铁人"王进喜；第三次是1977年1月8日发行的一枚编号为J·13的邮票，这枚邮票上的内容是周总理接见王进喜，上面的文字是"中国人民伟大的无产阶级革命家、杰出的共产主义战士周恩来同志逝世一周年纪念"。

旗帜的力量，榜样的召唤。在玉门油田开发、建设、改革的历程中，涌现出了一批又一批先进典型、石油工业的杰出英模，他们到大庆、到华北、到陇东……用热血、汗水和生命谱写了一曲曲奉献石油的壮丽赞歌，凝结成一座无形的丰碑，永远矗立在石油工业的历史长河中。

王进喜，15岁到玉门油田当小工。1950年成为中华人民共和国第一代钻井工人，先后任司钻、队长等职。1956年4月加入中国共产党，带领钻井队创造了当时的月钻井进尺全国最高纪录，荣获"钢铁钻井队"称号。1960年3月，他率队从玉门到大庆参加石油会战，1970年11月15日，王进喜因病医治无效逝世，被称为"建国以来在群众中享有崇高威望的共产党员优秀代表"，被评为"百年中国十大人物"。在中华人民共和国成立60周年之际，荣膺100位中华人民共和国成立以来感动中国人物之一。

郭孟和，1945年到玉门油田工作。1950年加入中国共产党。1951年带领钻井队在青草湾2号井开创了我国冬季钻井的先例，被誉为祁连山下的"冬青树"。因贡献突出，郭孟和被评为玉门油田的一级劳动模范和全国工业劳动模范，并被政务院和全国总工会邀请到北京参加国庆观礼，列席全国政协会议。1952年，郭孟和出席全国工业劳模大会，被树为石油系统劳动模范。

陈建军，历任玉门油田研究院勘探室主任、研究院院长，玉门油田分公司总经理助理、副总经理、党委书记兼总经理。2019年5月28日因病逝世。为了"石油摇篮"的发展，他把毕生的精力和心血都倾注在了玉门油田，为建设世界一流综合性国际能源公司做出了积极贡献。中国石油天然气集团有限公司党组授予陈建军"铁人式的好干部"荣誉称号；国务院国资委党委授予其"央企楷模"光荣称号；国务院国资委党委授予其"中央企业优秀共产党员"光荣称号；甘肃省委授予其"甘肃省道德模范"光荣称号。

1923年10月出生于甘肃玉门的王进喜，从小练就了刚毅坚韧的性格。曾在玉门油田做过小工的他，于1950年通过操作考核，并于1958年带队创出月进尺5009米的全国钻井纪录。

1959年，王进喜被选为全国劳动模范和全国"工交群英会"代表，前往北京参加国庆观礼。看到大街上的汽车背着煤气包，他难过不已："国家都没有油用了，石油工人还有什么资格受表扬？"

1959年9月，在松辽盆地发现大油田的消息传到玉门油田，王进喜随即报告要求参战。得到批准后，他于1960年3月带领1205钻井队昼夜兼程，奔赴大庆。

下了火车，他一不问吃、二不问住，先问钻机到了没有、井位在哪里、这里的钻井纪录是多少，恨不得一拳头砸出一口油井来，把"贫油落后"的帽子甩到太平洋里去。

面对极端困难和恶劣的环境，王进喜常说："有条件要上，没有条件创造条件也要上。"没有吊车和拖拉机，他带领全队"人拉肩扛"把钻机卸下来运进井场；井架立起来后，没有打井用的水，

△ 王进喜

他组织大家到附近破冰取水，硬是靠脸盆端、水桶挑，人力取水 50 多吨，保证按时开钻。

1205 钻井队准备前往第二口井时，王进喜右腿被砸伤，仍在井场坚持工作。由于地层压力太大，第二口井打到 700 米时发生了井喷。危急关头，王进喜不顾腿伤，扔掉拐杖，带头跳进泥浆池，用身体搅拌泥浆，最终制服了井喷。

房东赵大娘看到王进喜整天领着工人没有白天黑夜地干，饭做好了也不回来吃，感慨地说："你们的王队长可真是个铁人！"时任石油工业部部长余秋里得知后，连声称赞大娘讲得好。在第一次油田技术座谈会上，余秋里号召 4 万名会战职工"学铁人、做铁人，为会战立功，高速度、高水平拿下大油田"！

在 1960 年 4 月 29 日举行的万人誓师大会上，"铁人"王进喜把前进帽举过头顶，高声喊出了那句钢铁誓言："宁肯少活二十年，拼命也要拿下大油田！"

1961年2月，王进喜被任命为生产二大队队长。他坚持靠前指挥，身穿羊皮袄、带着炒面袋、骑着摩托车，一个井队一个井队地跑，为基层解决实际问题。他总是说："我小时候放过牛，最摸牛的脾气，牛吃草，马吃料，牛的享受最少，出力最大，所以还是当一头老黄牛最好。我甘愿为党、为人民当一辈子'老黄牛'。"

由于常年奋战一线，王进喜积劳成疾，1970年因病医治无效逝世。他钢铁般的意志和用生命践行誓言的大无畏精神影响着一代又一代石油人。

为庆祝中国共产党成立100周年，国务院国资委联合中央广播电视总台推出微纪录片《信物百年》，以"红色信物"为切入点，由以中央企业为代表的100家国有企业党委（党组）负责人介绍企业的企业信物，以小见大，以物证史，揭开企业蓬勃发展历程背后鲜为人知的动人故事，见人、见物、见精神，讲述信物故事，传承红色信仰，坚定理想信念。《信物百年》的第80集是《"铁人"王进喜的笔记本》。信物讲述人中国石油天然气集团有限公司党组书记、董事长戴厚良讲述了"铁人"王进喜的笔记本背后的故事和精神传承。

荒原、沼泽、盐碱地，长达7个月的冬季，最低气温达-40℃，那是1960年年初的大庆。在那片人迹罕至的荒原上，一群石油工人以他们钢铁般的意志，写下中国乃至人类历史上一篇壮丽的奋斗史诗。信物讲述人介绍，这是一本60多年前的笔记本，经过岁月的侵蚀，它的封面已经丢失，纸张也变得陈旧发黄，但却被评定为国家级文物，因为这里面的每个字，都是"铁人"王进喜留下的。这个笔记本不仅见证了王进喜参加大庆石油会战的全过程，而且记下了"铁人"内涵丰富、充满哲理的"五讲"："讲进步不要忘了党；讲本领不要忘了群众；讲成绩不要忘了大多数；讲缺点不要忘了自己；讲现在不要割断历史。"它不仅是"铁人"王进喜一生学习实践的思想结晶，而且是大庆精神、铁人精神的现实载体。

信物讲述人还介绍，这个笔记本记载了王进喜的所思所想，

△ 大庆石油会战拉开序幕

承载了其为国争光、为民族争气的爱国情怀；记载了王进喜的所见所闻，映照出其独立自主、自力更生的精神境界；记载了王进喜的所学所用，体现了其讲究科学、"三老四严"的求实作风；记载了王进喜的所作所为，诠释了其胸怀全局、为国分忧的奉献精神。他埋头苦干、无私奉献，用生命践行了"甘愿为党和人民当一辈子'老黄牛'"的铮铮誓言，树起了百万石油人代代相传的精神旗帜。

1960年3月，一支4万多人的队伍满怀豪情，从祖国各地奔赴广袤的松嫩平原，进行石油勘探。玉门油田的石油工人王进喜也带领着他的1205钻井队从西北戈壁千里迢迢赶到东北。当时的中国还是个名副其实的"贫油国"，每年消耗的石油中60%要靠进口，同时面临着外部封锁。严重缺石油卡住了年轻共和国的咽喉。

随着松基三井出油，轰轰烈烈的大庆石油会战拉开序幕，王进喜是石油队伍中的一名钻井队队长。王进喜自幼家境贫寒，与上学读书无缘。他当了钻井队队长后，以顽强的毅力学文化。他用简单质朴的笔触留下了大庆精神的心灵底色。在春寒料峭、冰雨连绵的工地上，王进喜和队友以菜地为家、牛棚为房。现场吊车没到位，王进喜说"我们37个人，就是37部小吊车"，硬是靠人拉肩扛，把60多吨的设备搬运到工地，在井场竖起钻塔；没有打井用的水，他带领大家凿开湖面的冰盖，脸盆端、水桶挑，硬是攒够了开钻要用的 50 吨水；打井时面临井喷，他扔掉拐杖，带头跳进泥浆池，用带伤的身体搅拌泥浆……

1205 钻井队原职工马继瑞说："'铁人'在最危险的时候给我们做出一个榜样，我们大家就团结一心，为国家保住这口井。"1960 年 4 月 14 日，一轮红日从东方升起，王进喜手握着冰冷的刹把，大喊一声："开钻了！"1205 钻井队打出了到大庆后的第一口油井。

△ 1960 年 6 月 1 日，大庆油田首车原油外运

1205 钻井队原职工赵元和说："我们是来会战来了，不是来享福来了，一定要干好，我们少活二十年也要拿下个大油田。"大庆会战，4 万多人在荒原苦战 3 年，从根本上改变了中国石油工业的面貌，原油年产量达到 600 万吨，使中国甩掉了"贫油"的帽子。60 多年来，大庆油田累计生产原油 24.3 亿吨，建成了世界上最大的三次采油基地。大庆油田的开发建设成就卓著，使中国民族工业挺起了脊梁。

信物讲述人动情地说，百年信物，薪火相传。以"铁人"王进喜为代表的石油人铸就了大庆精神、铁人精神，他们不仅为国家创造了丰富的物质财富，而且创造了巨大的精神财富。

奋斗新时代，奋进新征程。从战胜当年恶劣的自然环境到攻克今天世界级的科技难题，物质的支撑是一方面，更多的是精神力量的支撑。

站在新的历史起点，中国石油人将以习近平新时代中国特色社会主义思想为指导，完整、准确、全面地贯彻新发展理念，紧紧围绕"建设基业长青的世界一流企业"的愿景目标，大力弘扬石油精神、大庆精神、铁人精神，全力奋进高质量发展，为保障国家能源安全，推动构建新发展格局，实现中华民族伟大复兴的中国梦，做出新的更大的贡献！

铁人王进喜纪念馆中一件件饱经沧桑的文物记录了一段段直抵人心的红色石油故事，更成为在中国共产党领导下一代代石油人披荆斩棘、砥砺奋进的最好见证。共产党员、讲解员李娜推荐的文物是"铁人"王进喜的"入党志愿书",现收藏于该馆。

迈上47级台阶,步入铁人王进喜纪念馆一楼大厅,东墙中央有一幅油画,画面背景是鲜红的党旗,主人公举起右拳宣誓……这个人就是王进喜。

画的旁边,一份发黄的《入党志愿书》,16开,蓝色墨水书写,镶嵌在双层玻璃里,申请人:王进喜,申请时间:1956年4月18日。李娜介绍,王进喜的文化水平不高,这份志愿书是他请人代写整理的。"通过听党课和党员同志们给我从思想上教育,我感到过去受苦受打受骂,每月拿的工资还买不上一斗麦子,解放后拿的工资能养活几口人。父亲死了,上级马上派车把我送回家,还给我钱安葬父亲,家属有病还给叫医生到家去治病。这样对我的教育最大,感到只有党才能解放受苦的人,只有共产党才能使农民、工人过上幸福的生活……因而,我为了给人民给祖国贡献出更大力量,所以要求加入中国共产党。"朴实的话语表达了他迫切的心情。

随着玉门油田勘探钻井事业的飞速发展,钻井队到1955年已从中华人民共和国成立初期的4支发展至37支。钻井队发展壮大,就需要更多优秀工人成长为干部。王进喜的进步,基层干部都看在眼里,他所在的贝乌5队党支部根据群众反映研究决定培养王进喜入党。对于入党,王进喜说:"我有决心,也能做到。"

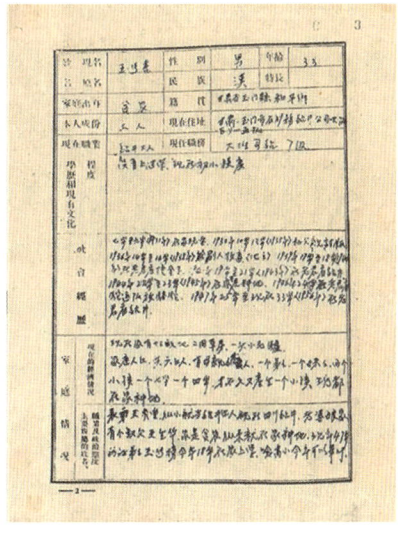

△ 王进喜的入党志愿书扫描件（"铁人"王进喜纪念馆提供）

第10章 "石油摇篮"里孵化出的玉门风格　165

这份入党志愿书语言朴素，表述直白，通过自己的亲身感受，认识到只有共产党才能使工农大众过上好日子，不但倾诉了这位放牛娃出身的工人对党的一腔热忱，也发出了一个西北硬汉、钢铁钻工的豪迈誓言。这就是王进喜后来成为"铁人"、成为党的优秀战士的思想觉悟。

时任玉门钻井公司一大队党总支书记满应科是王进喜的入党培养人，据他回忆，"王进喜是第一批入党的，表现特别积极。入党时他是司钻，教徒弟学技术，没架子，跟亲兄弟一样"。党支部对王进喜工作上要求严格，也在思想上帮助他解决问题：一是督促他学习政治；二是帮助他克服简单粗暴的毛病。

王进喜是个痛快人，一旦认识到自己的问题，改正也快。一段时间后，他的思想发生了很大变化。王进喜积极参加政治学习，工作中坚持严要求，抓生产不放松，还学会了做思想工作。新来的转业战士、徒工听了"楼上楼下，电灯电话"的宣传，把钻井工作想得太浪漫了，到队上看到"泥猴子打架"，就怕辛苦，有的甚至想离开钻井队。王进喜对大家说，钻井是苦是累，这得承认。但目前国家缺油，我们得替国家着想，困难再大也要想办法去克服。我们不是为别人干，是为国家干、为自己干，苦点累点都值得。说得大家很服气，开始安心做工作。

经过一年多的培养，王进喜成长很快，也成熟了很多。另一位培养人——时任玉门钻井公司一大队党总支副书记杨型亮对王进喜的印象特别深。他回忆道，在实际工作中，王进喜群众基础好，条件成熟。问他愿不愿意加入中国共产党，他连说两遍"非常愿意"，但他有顾虑，说自己文化水平低。我告诉他"只要好好干，在实践中好好学，一定能行"。加入中国共产党是王进喜成长路上的一座里程碑，开始入党时是单纯地报恩，后来自觉成为一名先锋战士。

在一个4月，对于王进喜来说是光荣的4月、难忘的4月。因为这个旧社会的放牛娃经过党组织7年的培养及在戈壁荒漠上的艰苦磨炼，成了一名中国共产党党员。

"有条件要上，没有条件创造条件也要上。"共产党员王进喜等老一辈石油人拼命拿下了大油田。1965年7月，"铁人"王进喜在石油工业部政治工作会议上发言，他语重心长地说："我们国家现在还穷，还没

△ "钢铁钻井队"锦旗（来源：大庆铁人王进喜纪念馆）

第10章 "石油摇篮"里孵化出的玉门风格　167

建设好，石油还没完全够用，我一定要为石油事业艰苦奋斗一辈子。""为石油事业艰苦奋斗一辈子"的思想是大庆人艰苦创业精神的重要组成部分，是大庆人长期艰苦奋斗的精神动力，大庆精神、铁人精神激励着一代又一代石油人奋力前行。

王进喜是中华人民共和国成立后玉门油田第一代钻井工人，当过钻井工、司钻、钻井队队长，是全国著名的劳动模范。他在玉门油田工作了10年，不仅创造了多项石油钻井行业的第一，而且留下了许多催人泪下的故事，"全天滚"就是其中之一。

1958年年初，油田为了发挥石油基地的作用，加快勘探开发新油田，组织了一批钻井队"大战白杨河"。最初，王进喜的贝乌5队并未被派往白杨河，而是在老君庙的甘油泉打井。到了6月，白杨河探区干得热火朝天，井队你争我夺，新纪录不断被打破，王进喜坐不住了。他找领导要求，大"闹"调度会，争着去了白杨河。

贝乌5队调到白杨河，与3207钻井队、贝乌4队等先进钻井队摽着干，互不相让，隆隆的钻机声中充满了硝烟味。王进喜豪迈地提出了"月上千，年上万，标杆插上祁连山"的响亮口号。为了实现这一目标，王进喜"寝不安席，食不甘味"，吃住在井场，一天24小时管生产，他自己给这种工作方法起了个名字，叫作"全天滚"。

王进喜住在井上"全天滚"，大到生产组织、人员思想、打井方案、泥浆配制、钻头使用，小到钻杆摆放、丝扣抹油、要车领料，事事都管，像个上足了劲儿的陀螺，围着钻井任务转个没完。吃饭就叫徒工从食堂带，什么时候有时间什么时候吃。睡觉也是有空了才睡上一觉，钻杆上、泥浆槽里、电机房边都是他的床，一张老羊皮袄白天披、晚上盖，整天不离身。天气暖和时就睡在井旁，随时掌握钻机运转的情况。就这样，王进喜把自己像钉子一样钉在了井场，井越打越快，只用了13天就打了1191米，提前实现了"月上千"的目标。

实现了"月上千"的目标，不甘示弱的王进喜又向"月上5千"冲刺。1958年9月，贝乌5队当月钻井进尺达到5009米，创造了当时全国最高、世界少有的纪录。

王曰才，1923年出生于北京，原籍江苏崇明，是我国石油地球物理测井工程专业和教育的创建者之一，著名的石油地球物理测井专家、教育专家，曾担任中国石油学会第一届、第二届常务理事等职。

1940年，刚满18岁的王曰才远渡重洋到日本求学。他先后就读于东京日华学院和九州帝国大学工学院采矿系，攻读物理勘探专业，毕业后又在九州帝国大学探矿研究室攻读研究生。为了以所学知识报效祖国，1947年年底，他决定回国。1948年，王曰才进入当时设在上海的中国石油公司，开始了他的石油事业。

当时的中国满目疮痍，腐败的国民党政府整天忙着内战，而所谓中国石油公司也只是一个进口原油的机构。满怀报国之志的王曰才在这里待不住了，他想到了玉门，玉门当时是全国最大的油田。

1948年，王曰才在台湾苗栗油矿实习4个月后，被分配到玉门油田从事测井建站工作，先后任技术员、工程师，与同事刘永年一起建起了我国第一个油田电测站。

中华人民共和国成立前，玉门矿务局仅有的一套测井仪器是美国制造的，每年要缴纳一笔很高的"专利费"。这套仪器下井电测时，每次只能测出井内一条曲线，加之电阻系数和电位曲线不稳定，从测出的曲线上很难确定地下岩层的性质和油层的深度，使用时难以操控。到玉门油田任职后，王曰才看到电测仪器不能正确指导钻井工作，给整个油田造成了严重的人力、财力损失，就下定决心要研制出中国人自己的电测仪直流放大器。

1949年春天，刘永年调去四川，玉门电测站工作由王曰才负责。中华人民共和国成立后，王曰才满怀着对祖国石油建设事业的热爱和信任，以更大的热情、秉持创造精神积极投入电测仪直流放大器的研究制作。他每天研读各种科技书籍，废寝忘食，思考着走出研究室，来到工地，来到井架边，和工人们一起劳动，向工人们学习，通过理论与实践结合，积累了丰富的经验，掌握了技术。

在物质条件极度匮乏的戈壁滩上，研究工作很难开展，当时有些技术人员认为王曰才是搞不出什么成绩的，但王曰才坚信自己的理想是可以实现的。工人们对王曰才的研究工作给予了很大的帮助，当他需要真空管时，工人们想尽办法找到4个废弃的真空管……工人们的帮助和鼓励增强了王曰才的勇气和信心，经过一段时间的研究和思考，他终于弄清楚了旧仪器电测不准确的原因，开始了设计工作。制作电测仪直流放大器所需的电容器在当时有钱也买不到，王曰才便自己动手做，利用香烟锡纸等材料做出了电容器；又设法将小电阻接成大电阻，解决了无电阻的困难。制作电测仪直流放大器需要电线，矿上原有的1000千米电线因常年混油和泥浆浸泡，加上在井壁反复摩擦，绝缘皮严重损坏，到处漏电。虽然矿上有2000千米新电线，但测更深的油井时要用，而且电测仪直流放大器上的电线需要截短使用，当时1米电线要6美元。王曰才明白，国家经济尚在恢复期，国家财产一分一厘都不能浪费。于是，他开动脑筋，收集了很多旧水泥袋，用它们把旧电线裹起来，水泥袋不够用，他把自己的旧衣服也拿了出来，用了7天时间，包好了500米电线，然后涂上漆。就这样，王曰才不仅解决了旧电线的漏电问题，而且他修旧换新的电线可以用一年，仅这一项就为国家节省了2万多元。

  王曰才的电测仪直流放大器在试验中经历了两次失败，工人们以为王曰才会泄气，但是他说："坏了再来，不行再干！"经过几天的研究，他又发现了三个问题，并设法解决了。集中了工人的经验和智慧，通过艰苦、曲折的研究，1950年"五一"劳动节前，

△ 王曰才和他研究的电测仪直流放大器

王曰才研制的电测仪直流放大器在第三次试验时终于成功了！

王曰才制造的电测仪直流放大器除了可以测出三条曲线，还能做到基线稳定、电测结果清晰。之前的电测仪只能放大 15 倍，现在可以放大 150 倍，还能随意调节倍数，使用和修理都比较方便，特别是能够精确地测出地层的各种性质和油层的深度，使钻井工程可以制订切合实际的施工计划。随着地质的软硬变化，还可以随时更换钻头和下套管，这样，对于减少钻头的磨损、防止对油田的破坏都起了决定性的作用。

1950 年，在玉门油田开展的迎"五一"生产立功运动中，王曰才因研制成功电测仪直流放大器，荣获"一等功臣"光荣称号。王曰才研制的电测仪直流放大器在玉门油田乃至全国都是一项创举！玉门油田全体职工为有这样一位创造者感到自豪和光荣！全矿 4000 多名职工一致推举这位对国家石油事业做出重大贡献的电测能手为全国工农兵劳动模范代表会议代表，在当时的会议上，他被授予"全国劳动模范"称号。

经过不断钻研，王曰才还制作了很多新仪器，抢修了许多宝贵器材。他为没有配置的紫外光灯设置了自动电流电压仪器，解决了开采新油矿试验油层距离的困难；他还摸索修复了刚从美国LANEWELLS公司运来的，但在长途运输中损坏的一台套管射孔器。这台套管射孔器于1949年年底投入生产，从此，玉门油田的完井作业从以前的衬管完井变为射孔完井，简化了钻井工程。

1951年，王曰才光荣地加入了中国共产党。获得了荣誉的王曰才一如既往地谦虚学习，逐渐成为中国第一代石油工业技术人才。1954年8月，王曰才调入新建不久的北京石油学院，受命创建石油测井工程专业。他和同事克服了一个又一个困难，为我国的石油工业培养了一批又一批测井技术人才。

在结合生产实际、发动群众进行科研方面，王曰才也取得了很好的成绩。在新疆、四川等地做了等电阻率图、等比值图等，对解释地下含油层情况有很大帮助；又做了放射性解释图板、放射性值与含泥量、孔隙度等关系的研究，对在龙女寺构造放射性测井的利用和解释工作有很大帮助。在他的指导下，研究成功的测井电模型于1964年获得石油工业部重大科技成果奖。

在科研上，王曰才取得了一个又一个好成绩。1976年，他开始研究地层倾角测井；1982年，研究阳离子交换测量技术及其应用；1986年，研究单井测井相分析和区域测井相分析，完成了总公司"七五"攻关项目"砂泥岩测井解释"，岩石物理实验和微机解释系统也已具备实用性。几年来，他发表了多篇论文，特别是1990年5月在北京召开的国际测井讨论会上，他宣读了最新论文《理想化 Qv 泥质砂岩解释方法的改进》，受到中外测井专家的一致好评。1992年，王曰才享受国务院政府特殊津贴。1994年3月王曰才退休，退休后的他仍然心系祖国的测井事业。1998年，他受中国海洋石油测井公司委托，利用理想化 Qv 研究了泥质砂岩泥质含量及含油饱和度对自然电位响应的影响，说明了在含油泥质砂岩处出现的自然电位响应现象。

2016年2月15日，王曰才在北京逝世。王曰才几十年来一直关注着我国测井事业的发展，是中国地球物理测井技术从原始的手工操作到计算机控制，逐步发展的见证人和实践者，是我国地球物理测井专业教育当之无愧的奠基人。他在石油地球物理测井生产、研究和教学中取得了累累硕果，为我国地球物理测井事业做出的贡献也将永远被人们铭记。

郭孟和是中华人民共和国第一位石油工人中的劳动模范。20世纪50年代，他在玉门油田当钻井队队长，他的名字与当时鞍钢的孟泰、哈尔滨的马恒昌一起，经常出现在《人民日报》上，是我国石油工业战线的一面旗帜。王进喜是他带过的学徒之一。

20世纪50年代初，我国的石油钻井技术比较落后，玉门油田还不具备冬天打井的条件。但当时国家百废待兴，各行各业的建设急需石油，玉门石油人着急啊！油田摆开了大规模勘探找油的战场，按照当时的惯例，冬天在高寒山区是不能打井的，但时任钻井队长的郭孟和率领钻井队冒着-20℃的严寒，在海拔2600米的青草湾地区凿冰打井，开创了我国冬季钻井的先河，被誉为祁连山下的"冬青树"。

△ 郭孟和

曾在乌苏油矿当过钻井工的郭孟和是中华人民共和国成立后玉门油田第一批入党的人员之一。1951年，郭孟和荣获"全国工业战线劳动模范"称号，成为中华人民共和国第一位石油工人劳动模范。名师出高徒，1959年，王进喜也和师傅郭孟和一样，成为全国劳动模范，光荣地出席了全国群英会。

郭孟和，1907年出生，山东即墨县人，幼年家境贫寒，12岁外出谋生，流落青岛，先后在私人作坊、工厂做工。1927年随工友逃难到东北。1935年流落到苏联远东地区伯力市，并在异国他乡与当地人琳娜结为连理。1938年回国后，他便在乌苏油矿当钻井工。1945年秋，郭孟和来到玉门油田工作，很快就成为技术骨干。1949年，人民解放军挺进大西北，接管了玉门油田。随着中华人民共和国的成立和油田的新生，正值壮年的郭孟和如同注入了新能量，他以主人翁的姿态，迅速投入油田护矿战斗，积极参加军管会组织的工会会员学习，并向党组织提出了入党请求。1950年2月，他如愿以偿地加入了中国共产党，成为中华人民共和国成立后玉门油田第一批入党人员之一。

1950年冬，刚从司钻提升为钻井队队长的郭孟和接受了青草湾探区的钻探任务。但由于玉门位于甘肃省河西走廊祁连山北麓，气候干旱、海拔高、气温低，一年中有半年是冰冻期，所以玉门冬季不进行钻井作业。但如果冬季不开钻，青草湾的钻探任务就不可能按期完成。

面对重重困难，郭孟和在接受任务的当天就拿着图纸去找工程师。看到工程师有些为难，郭孟和说："苏联可以在冬天打井，我们应该学习。"工程师说："你是老内行，在乌苏油矿又跟苏联专家学习过，不妨先试试。"晚饭后，郭孟和又和队里的同志商量，发动大家克服困难，打好冬季钻井的头一炮。他说："行不行，在人干，人家都说咱们钻井工人是石油工业最勇敢的尖兵，大小困难都不怕。党交给我们光荣的任务，我们就要迎难向前，创出-30℃钻井的路子，结束玉门油田冬季不能打井的历史。"

这年冬天天气特别寒冷，狂风呼啸着，飞雪打在窗户上"沙沙"作响，郭孟和的小屋里挤满了年轻的钻井工人。他和他的徒弟、钻工商议着，叙说着他曾在苏联当工人的经历，以及回到祖国后到乌苏油矿，又到玉门油田的十几年的钻井经验。大家就如何保温，如何保持泥浆正常循环，如何使柴油机不熄火……说着、议论着、琢磨着，从井场地面到井架二层平台，大家把方方面面都想到了，然后一一分工落实到人。几天后，一座高高的钻塔在青草湾白茫茫的山坳里立起来了，钻机隆隆的声音有节奏地回荡在群山峻岭上空。青一井是新探区的第一口井，也是在酒西盆地打下的唯一深井。

开钻后并不顺利，柴油机经常出问题。为了尽快打完这口井，了解新构造的含油气情况，钻探大队调技术人员刘荫潘、李虞庚等加强对青一井的组织领导和技术指导。钻探过程中，遇到高压水层和膏盐层，只好加大泥浆比例，但因膏盐进入泥浆，泥浆流不动，等到起钻时，泥浆四溅，弄得人连眼都睁不开，工人们全身溅满泥水，两腿被泥浆浸蚀得绯红，设备工具上也都是泥。郭孟和看到这种情况，潜心研究制作出泥浆收回器，既避免了泥浆浪费，又减轻了泥浆对人的伤害。

郭孟和钻井队在青草湾冬季钻井取得成功。接着，老君庙J-21井、E-15井于1951年1月开钻，钻进顺利，钻机利用率大大提高，打破了惯例，开创了玉门地区冬季钻井的先河，为高寒地区冬季钻井提供了经验。队长郭孟和被誉为祁连山下"冬青树"。

中华人民共和国成立初期，我国石油开采缺人才、缺技术、缺设备。已担任队长的郭孟和凭借一股子拼劲和不甘人后的闯劲，在落后的技术条件下，带领技术攻关小组夜以继日地改进技术和设备，提高了工效，减轻了工人的劳动强度，在恢复生产和基地建设中屡建功勋。

有着丰富钻井经验的郭孟和还自觉担负起培养年轻技术工人的任务。自王进喜 15 岁进玉门油田工作后，郭孟和就与王进喜签订了师徒合同，正式收王进喜为徒，直到 1953 年，郭孟和一直把王进喜带在身边，言传身教，悉心帮带。

1954 年 9 月 21 日，郭孟和领导的 1207 钻井队以日进 234.3 米的成绩创造了全国日进尺最高纪录。同年，郭孟和当选第一届全国人民代表大会代表，1959 年当选第二届全国人民代表大会代表，1964 年以后，他连续担任第四届、第五届全国政协委员。

郭孟和先后担任玉门市总工会副主席，玉门石油管理局工会主席、机关党委书记。

1977 年，上级领导看他年纪大了身体不好，还经常乘卡车下基层，特意给玉门局拨了一辆小车作为其专车，但他很少坐，大部分时间都是让其他同志办事用。郭孟和的老伴身体不好，每当要去医院诊治时，他就叫孩子用自行车驮着老伴，自己在后面扶着。一年春节，他的二儿子从外地回家过年，大年三十晚上才赶到五华山车站，这里没有通往玉门的公交车，他便给当工会主席的爸爸打电话想要车，不料郭孟和不仅没有派车，还批评了他。儿子只好坐火车到酒泉住了一晚，大年初一才到家。

1983年2月9日，石油工业的一代劳模郭孟和走完了他光辉的一生。

"多希望再活几年，亲眼看见玉门油田重上百万吨……"2019年5月28日，

△ 郭孟和

济南中国人民解放军第960医院肝胆外科35床，一抹夕阳洒在陈建军的身上。时年56岁的中国石油天然气集团有限公司优秀共产党员、玉门油田党委书记、总经理陈建军，怀着深深的遗憾，永远闭上了双眼，眼角挂着两行清泪。

玉门长大的孩子、"铁人"式的好干部陈建军走了！噩耗传来，玉门石油人心痛不已。

△ 陈建军

第10章 "石油摇篮"里孵化出的玉门风格　179

4天后，2019年6月1日，陈建军同志追思会在玉门油田酒泉生活基地文体中心体育馆举行。原计划200人参加的追思会，最终来了1200多人，从会场内一直延伸到会场外。追思会结束了，骨灰盒捧走了，花圈撤离了，人们久久不愿离去……直至工作人员开始打扫现场，送行的人才抹去眼角的泪水，缓缓挪动脚步。

"学石油干石油一生执着为石油，想玉门为玉门一片丹心照玉门。"一副挽联诉说着人们无尽的哀思和追念。

1953年，18岁的年轻农民陈能荣离开甘肃高台县，来到了100多千米外的玉门油田工作，并在这里成了家。那时他不会想到，自己的大儿子陈建军会成为玉门油田的掌门人。

玉门油田位于甘肃省酒泉玉门市境内，南临祁连山，北面茫茫戈壁。这样的地理位置，使玉门油田隔绝于外界。

在中华人民共和国成立前的十年，玉门油田累计生产原油52万吨，占当时全国原油产量的95%。1957年，这里成为中国第一个石油工业基地。

陈建军1963年出生于此。在陈能荣眼里，儿子陈建军身形魁梧，体格壮硕，具有典型的西北大汉性格，开朗乐观。

陈能荣更不会想到，陈建军会患上癌症，走在自己前面。

"背起了我们的行装，攀上了层层的山峰，我们满怀无限的希望，为祖国寻找出丰富的矿藏……"两只拳头紧握，双腿不停颤抖，5月的一天，在中国人民解放军第960医院的一间普通病房里，身形高大的陈建军一遍遍哼唱着《勘探队员之歌》。

拒绝使用大剂量镇静剂，他用旋律高亢的歌声为自己止痛。时间一天天地过去，陈建军的病情恶化，陷入了昏迷。

2019年5月26日，山东济南的气温超过30℃。中国人民解放军第960医院肝胆外科的病房里稍显闷热，陈建军静静地躺在病床上出了一层薄汗。

这是陈建军人生最后的时光。

他已多日无法进食，时常干呕。护士长赵虹用针管吸满了水，从他的嘴角推进去。陈建军陷入了半昏迷状态，只有在大的外部刺激下才会有微弱的反应。

临近中午，陈建军突然恢复了意识，目光有神，大声地喊出"好！好！好！"。

他伸出两只手想要鼓掌，但试了几次都没能双手合十，最后改成竖起了大拇指。

"你这么高兴，是找到了大油田吗？"赵虹问。

"对呀，你怎么知道？"陈建军高兴地答。随后他又陷入了昏迷，这是他最后一次开口说话。

1984年，21岁的陈建军从西南石油学院（现西南石油大学）毕业，选择回到玉门油田工作。

在一线锻炼多年，他先后担任玉门油田勘探开发研究院勘探室主任、玉门油田勘探开发研究院院长。

玉门油田现隶属中国石油天然气集团有限公司（简称"中石油"），20世纪50—60年代是玉门油田最辉煌的时期。

陈建军来到这里时，玉门油田正在走下坡路。自1958年发现鸭儿峡油田后，玉门油田在勘探上再没有新的突破，原油产量逐年下降。

玉门油田的主力产油区位于酒泉盆地，这是一个较小的盆地，构造相对完整、出油快，但降产也快，后期开发难度大，使得该地较难发现大型油田。

1990年，玉门油田倾尽装备、技术与人员，开始开发位于新疆吐鲁番与哈密的吐哈油田，希望再度崛起。

但5年后，吐哈油田从玉门油田分离并自立门户，玉门油田的设备、人才大量流失，面临着原油产量大幅下降的危机。

1996年和1997年，玉门油田两次对位于阿拉善的雅布赖区块进行勘探，部署的六口勘探井都没有产生工业油气流，区块油气发展潜力得不到落实。

玉门油田急需新的接替储量来提振。

1997年，玉门油田将注意力重新转向酒泉盆地。此前，油田勘探队遵循的找油理论是：只有在坳陷高点才能找到原油。陈建军担任玉门油田勘探研究院院长后，想突破这一找油理论，开始在坳陷的下凹处找油。

遵循该思路，玉门油田相继发现了窟窿山构造、柳沟庄构造。

1998年8月8日，祁连山深处的窟窿山脚下，漫漫戈壁滩上长着簇簇骆驼草，不时扬起的沙尘使人视线模糊。人群中突然爆发一阵欢呼。柳沟庄构造上一口名为"柳102井"的探井获得高产工业油流。

这令陈建军的研究成果变成了真实的原油产量，进而发现并开发了青西油田。此时，距离鸭儿峡油田的开发已经过去40年。

发现青西油田后，按照"下凹找油"的理论，玉门油田又发现了酒东长沙岭构造，开发建设了酒东油田，成为玉门油田保持稳产的关键。

2002年，陈建军升任玉门油田公司副总经理，主抓勘探与生产。在担任副总经理13年后，于2015年年底担任玉门油田公司总经理。

对陈建军而言，2017年是极为重要的一年。

2017年8月，我国政府对油气体制进行改革，中国石油天然气集团有限公司推进内部矿权的流转工作，长庆油田陇东地区环庆区块矿权和油田开采权流转给玉门油田。

得益于青西油田与酒东油田的发现，玉门油田能够保持年40万吨的原油稳产，但始终未上百万吨，这使它成为中国石油天然气集团有限公司当时规模最小的油田。

这也是陈建军多年的心病。

对于国内部分大型油田来说，单个采油厂的年产油量就能超过百万吨。

环庆区块的开发，有望彻底解决玉门油田资源不足的问题。该区块位于甘肃省东部庆阳市环县附近，总面积1860平方千米。

2017年9月1日，玉门油田与长庆油田在西安确定了最终矿权流转的区块与面积，并于10月24日签订了第一批环庆矿权流转区块勘探开发协议。这份协议，陈建军盼了6年。

2011年12月，塔里木油田分公司塔东区块探矿权正式移交给大庆油田，这让陈建军看到了玉门油田重上百万吨的希望。

当时，担任玉门油田分公司副总经理的陈建军希望玉门油田能像大庆油田那样，从兄弟单位手中获得部分区块的探矿权。彼时，中国石油天然气集团有限公司还未出台矿权流转的政策。玉门油田经过多方沟通协调，一直未能如愿。

对于如今获得的环庆区块，玉门油田寄予厚望。如果环庆区块可以实现60万吨稳产，玉门油田的原油年产量可以重上百万吨。这对于玉门油田来说至关重要。

"在原有经营模式下，原油产量达到80万吨，玉门油田就能实现盈亏平衡；产量达到100万吨，那就能实现较好的盈利。"玉门油田公司常务副书记、工会主席刘战君表示，"重上百万吨也是几代玉门石油人的梦想。"

就在曙光出现时，陈建军病倒了。2017年5月初，在兰州开会的陈建军高烧三天不退。在当地医院进行检查时发现了肿瘤，几天后在上海确诊为癌症晚期。

在上海进行部分化疗后，陈建军带着药物回到了酒泉。除了玉门油田的日常工作，环庆区块的矿权流转亟须落实。

2017年下半年，他辗转兰州、西安、北京、酒泉等地进行汇报沟通，并多次来到庆阳与环县，沟通协调企业与地方政府之间的关系。

环县地处庆阳市西北部，属于黄土高原丘陵沟壑区，沟深坡陡。从酒泉前往环县的路程超过1000千米，需要从嘉峪关搭飞机到庆阳，再乘车从青兰高速转G211银陕线到环县。庆阳到环县，路程不过150千米，开车却要近4小时。

进行了9次化疗后，陈建军的病情明显好转。2017年12月13日，他在上海进行病灶切除手术。半个月后再次回到酒泉工作。

2018年1月22日，玉门油田召开2018年党委（扩大）会议暨七届一次职工代表大会。陈建军在台上站立3小时作完工作报告后，汗如雨下。

对于陈建军的忙碌，妻子王玉凤十分心疼。"他是被工作累垮的。"

患病治疗期间，家人和医护人员都对陈建军有所隐瞒。但作为患者，他多少对病情有所察觉。

他没有按照医生的建议休养，反而继续高强度地工作。除了对油田工作的投入，他多了一份与时间赛跑的紧迫感。

2018年4月中旬，流转后的环庆区块需要尽快出油，陈建军接连赶赴西安、庆阳、环庆分公司现场，交流了解相关情况。

2019年年初，陈建军的病情进一步恶化。由于癌细胞产生了抗药性，化疗对陈建军的病情逐渐失效，他整个人明显消瘦，肝腹水越来越严重。

与此同时，在对环庆区块进行勘探与了解后，玉门油田制订了"扭亏脱困，高质量建设百年油田"的时间表与路线图，发展开始加速。

2019年3月22日，玉门油田与长庆油田在西安签订了环庆区块二期开发协议，1860平方千米的矿权流转到位。4月12日，玉门油田公司规划计划处投资项目管理科科长杨勇来到陈建军办公室送一份会议通知。看到陈建军的脸色已十分苍白，杨勇忍不住提醒他注意休息。

陈建军解释说，现在手头的事情太多了，环庆区块二期开发的协议刚刚签完，玉门油田的发展正处于关键时刻。

"等我忙完这阵子，我会去休息的，谢谢你。"陈建军说。那是杨勇最后一次见到他。

2019年5月2日，在酒泉市人民医院新城医院的病房里，陈建军躺在病床上，近8小时主持召开了三个会议，进行工作安排。

次日，他被送往济南中国人民解放军第960医院。此时，他肝部的癌细胞已经大面积扩散。

2019 年 5 月 28 日，陈建军在济南去世。心电图停止的那一刻，他的儿子陈玮岩看到一行泪水从父亲眼角滑落。

祁连山含悲，石油河呜咽。2019 年 6 月 1 日，陈建军追思会现场排起了长长的送行队。在玉门油田职工看来，陈建军担任总经理以来，为他们做了很多实事。玉门油田近几年大幅扭亏，职工的工资也相应增加。2005 年，玉门油田生活区搬到酒泉后，职工的房产证迟迟未能办理，陈建军在 2009 年将这件事顺利解决，稳定了职工的心。

在儿子陈玮岩看来，父亲是带着深深的遗憾离开的。陈玮岩的孩子将在当年 7 月出生，8 月，玉门油田将迎来 80 周年矿庆。这些，陈建军都没能见到。

这些年，有一首老歌回荡在玉门关外、在青西到酒东的茫茫戈壁中、在老君庙旁的石油河上，人们追随着一个离去的身影，一遍遍吟唱——"我们有火焰般的热情，战胜了一切疲劳和寒冷……为祖国寻找出丰富的矿藏。"

玉门油田远离城市，地处戈壁，生产设备一般要从重庆、昆明转运，生活给养也要从酒泉、张掖运入，运输路线之长、运输任务之重、运输条件之艰苦都是一般人难以想象的。当时中国的交通还很不发达，不可能承担油田所需物资和产品的运输，为此，玉门油田建立了自己的运输队。

中国最早的石油运输线是由玉门油田建立的。1938 年 6 月，甘肃油矿筹备处在汉口成立。油田开发所需的物资都需从外部运入，运输的工作量相当大。为了解决这一问题，甘肃油矿筹备处开始租用运输工具，来往于油田与外界运输物资。长途运输利用资源委员会运务处的车辆的运输线路主要是缅甸—昆明—贵阳—重庆—兰州—油田，还利用西北公路局的汽车开辟了兰州—油田的石油运输线路。同时，油田也积极组织运输力量，1939年3月，油田买了第一辆汽车，主要运输职工生活用品，当年8月，为了保证生产物资的运输，先后购买了载重卡车50辆，组建了第一支汽车运输队，满足了当时的需要。

1941年3月，甘肃油矿局成立后，即在歌乐山建立了运输处，在《孙越崎传》第八章"迎难而上的油矿总经理"中记载，这是甘肃油矿局人最多的处，处长是张心田（具体负责周总理帮协调的两部钻井从延长支援玉门的工作），几十年后孙越崎仍不忘当年张心田的功绩："张心田这人真能干！"在玉门油田建矿一周年之际，时任总经理的孙越崎在总结中突出表扬了运输处的工作，他说：没有运输工作，就没有油田的今天。

当时，为了保证抗战油品运输，油田设有运输科、机务科、财务科、器材科等，设立了从重庆至油田的运输线。沿途设有渝广段、广元区、兰州区、矿场段。区段之下分设运输站，即遂宁、成都、绵阳、剑阁、宁强、褒城、双石铺、徽县、天水、定西、永登、武威、永昌、张掖、高台、酒泉等运输站。各区段、运输站建有停车场和供司机住宿的宿舍等，并设有修理厂或修理所，基本满足了油品运往大后方的需要。

1946年6月，甘青分公司成立，仍设有运输科。所需运输油品的工具主要有火车、轮船、汽车和飞机。其建立的运输线路一是由上海水运到重庆，再由陆路经川、陕、兰州到油田；二是用飞机将急需重要物资、人员运到西安、兰州或酒泉；三是天津—北平—包头—银川—兰州—油田。以上几条运输线路对油田早期的建设和发展起到了重要作用。

中国石油最早的女汽车司机是玉门油田培养出来的。

1949年6月，解放战争即将胜利，为了保护油田的设备和油井，身为中国石油有限公司协理兼甘青分公司经理的邹明直接管理着玉门油田的部分重要业务和石油生产。恰在这时，中国人民解放军南下获胜后向西北挺进，国民党西北公署按照国民党政府的命令要加紧破坏玉门油田。

为了确保油田不被国民党破坏，邹明积极同孙越崎取得联系，得到他支持后，迅速在玉门油田成立了护矿队。为了进行艰苦的护矿斗争，邹明组织了大批汽车从敦煌、武威抢购粮食。由于许多年轻力壮的男员工不是作为司机四处拉运粮食，就是加入了护矿队昼夜巡逻保护油田，一时间汽车司机缺额很大。基于这种情况，邹明授意油田有关单位在酒泉办了一期为期半年的女汽车司机培训班，培养了30多名女汽车司机，她们也是玉门第一批正式

△ 玉门油田原油东运的车队

持证的女司机。

　　中华人民共和国成立初期，经济发展中存在的问题摆在了共和国领导人的面前。西北地区石油储藏量丰富，东北和华东地区的炼油厂却用着从国外买来的原油，有时因原油供应不足还要停工待料，大量石油制品不得不依靠进口。面对这一情况，玉门原油东运这项浩大的工程提上了议事日程。

　　1953年，我国开始实行第一个五年计划，各行各业对石油的需求量越来越大。玉门的原油产量在1952年达到14万吨，1953年继续大幅增长，除一小部分自炼外，其余原油要运到沿海的几座炼油厂。

同年，兰新铁路修到了兰州以西乌鞘岭下的打柴沟，距离玉门油田662千米。燃料工业部石油管理总局决定用汽车把玉门的原油运到火车站，再转运到内地各炼油厂。

玉门至打柴沟的662千米均为简易砂石公路，途中大小桥梁147座，涵洞720个。冬天，风雪弥漫，滴水成冰，车辆一旦在戈壁滩上抛锚，司机想找个避风的地方都没有；夏天，烈日当头，公路上尘土飞扬，驾驶室热得像蒸笼，烤得人口干舌燥、头昏眼花；行车途中的食宿也是个大问题，运输队员经常风餐露宿。要想完成原油东运任务，其困难可想而知。

为了做好原油东运的各项工作，1953年3月，以石油师三团团长王有常、兰州运输公司副经理高伯祥、兰州总站站长张子玉等为骨干组建了原油东运基建团，他们先后在兰州和打柴沟接驶从国外购买的大型柴油车503辆，由宝鸡机械厂等制作了各类规格的车载油罐，并为所有新车按不同吨位装上了油罐。

为了使原油东运顺利，基建团先后派出200多辆运输车为玉门油田原油东运建站、修路、造桥等运送物资，协助地方公路部门对玉门油田至打柴沟的桥梁、涵洞进行整修加固，对沿途的泛浆、洪水路段进行整治，以保障大型车辆通行安全。在玉门和打柴沟安装原油加温及装卸设施，建设酒泉运输处机关及修保设施、打柴沟站和转运库，改建了老君庙站、酒泉站、张掖站、武威站，扩建了停车场，增设了修保设施，组建了通信联络体系。

为了给原油东运提供组织保障，1953年10月，玉门油田成立了玉门矿务局运输处，由李景新任处长，王有常、宋振民任副处长，机关设人事、财务、劳资、组织、宣传、保卫等部门，下设原油运输大队、成品油运输大队、汽车修理厂、保养场等基础保障单位，新组建的玉门油田运输处承担了玉门原油东运任务。

为了行车安全，运输处还培训了一批汽车司机，兰新铁路职工加速修筑了铁路岔道，筹备工作完成。

1953年11月1日，玉门油田举行了原油东运庆祝大会。在会上，燃料工业部石油管理总局局长康世恩进行剪彩并作出指示，他要求玉门油田职工努力提高采油工作水平，为东运供应大量的原油，运输人员要爱护机车，珍惜每滴来之不易的石油。随着几十辆油罐车徐徐开出原油东运站，玉门油田原油东运拉开了序幕。

西起嘉峪关的玉门油田，东至乌鞘岭下的打柴沟转运站，在长达662千米的戈壁滩上，满载原油的车辆沿河西走廊川流不息、浩浩荡荡。

开始运油时，天冷路滑，尤其在主峰海拔3562米的乌鞘岭，年均气温-2.2℃，上下30千米，路面坡度为18~30度，岭上终年积雪，路况复杂，运输队员饱尝艰辛。

经过艰苦奋战，1953年完成了4000吨的原油试运。1954年，面临着5万吨的原油东运任务，以及由于驾驶员培训时间短，对柴油车性能不熟悉、驾驶操作不规范等，车辆机件常损坏严重等

△ 运油车队

困难。为了扭转局面，王有常、宋振明带领机关干部奔波在河西走廊，通过深入调查研究，制订了聘请外国专家进行汽车驾驶和修理技术指导、对驾驶员和修理工分批轮训、对车辆进行强制保养、狠抓安全生产、防止各类事故发生等措施，有效贯彻落实安全操作规程，为原油东运任务的完成提供了坚实保障。

　　1956年7月1日，兰新铁路玉门段火车开通，结束了原油靠汽车东运的历史。两年零八个月，玉门矿务局运输处共运送原油22万吨，圆满完成了第一个五年计划期间国家交给的原油东运任务。

第10章 "石油摇篮"里孵化出的玉门风格

革命战争年代，玉门油田就与新闻媒体结下了缘。新华日报社按照周总理指示派出 7 名共产党员到玉门油田建立"中共甘肃油矿局子弟学校党支部"，为玉门油田播下了红色的革命火种；中华人民共和国成立不久，新华社就开始了对玉门油田的报道，1949 年 10 月 11 日，新华社报道了《第一野战军装甲战车部队穿过戈壁解放玉门油矿经过》，1957 年 10 月 8 日，新华社正式向世界宣布《我国第一个天然石油基地在玉门油矿建成》。据不完全统计，仅新华社、人民日报社对玉门油田的报道就达 700 多篇。几十年来，在长城内外、大江南北，一批又一批记者深入石油基层，宣传报道中国石油业发展改革成就，极大地鼓舞了石油人为党找油、为国奉献的革命热情。近年来，连续举办"中国石油开放日"活动，邀请媒体"走进石油、了解石油、理解石油、支持石油"。2021 年举办了"红色基因·动力之源"党史学习座谈会暨中国石油开放日——走进玉门油田活动，成为新时代国家媒体与国有企业、新闻人与石油人携手传承红色基因、赓续红色血脉的一次具体实践。

中国石油最早的报纸是创办于 1942 年 10 月 10 日的玉门油田官方报纸——《塞上日报》。报纸为 4 开铅印小报，当时的主编为廖均灵，报社的总负责人是时任玉门油田总经理孙越崎。除正常的油田新闻内容外，该报每周还出两版副刊，刊登一些文艺性作品。报社还兼办了《塞光》和《工友乐园》两种刊物。1949 年 9

月 25 日，该报由军管会接管。

1950 年 1 月 1 日，《人民油田》创刊。该报为 8 开二版铅印日报，由玉门油田工会主办。1952 年 3 月 1 日，《人民油田》改为《石油工人报》，延续至今。著名诗人、时任玉门油田党委宣传部部长的李季曾任社长、主编。《石油工人报》是中国石油第一份报纸。1972 年 1 月 1 日，《石油工人报》停刊。1972 年 3 月至 1977 年 3 月，玉门油田党委宣传部定期出版《玉门油田简报》，内部发行。1977 年 5 月 1 日，《玉门油田简报》改为《石油工人报》，公开发行，直到今天。

1949 年 10 月，玉门石油工人广播站成立，并开始正式对外播音。广播内容为转播新华广播电台、中央人民广播电台的节目。1954 年，广播站划归石油工人报社管理，设有广播服务站，建成有线广播。广播内容除转播中央人民广播电台的节目外，还播放油田内部新闻、文艺节目等。其间，玉门油田各单位相继建立广播室，定期播出时事新闻和文艺节目。1960 年，玉门人民广播电台成立，后于 1962 年划归玉门市领导。

1979 年，玉门油田开始建设有线电视网，于 1987 年建成。先后搭建了有线电视数字前端和硬盘播出系统，网络主干采用光缆传输，带宽 750 兆、覆盖率达 100%，可传送数字电视节目 86 套、自办节目 1 套。2010 年 1 月，玉门油田电视自办频道与酒泉电视台综合频道实现了企、地电视节目互传，丰富了群众的文化生活。伴随着酒泉基地的开工建设，在酒泉生活基地、玉门矿区建成"两环一线"通信网络，有线电视信号延伸至酒泉基地。2010年5月，玉门油田电视台自办频道节目实现硬盘播出，2012年10月顺利实现酒泉基地10个园区及疗养院数字电视整体平移，覆盖率达100%。截至2013年，用户达17263户，玉门矿区模拟电视用户3900户，通过全网传送数字电视节目83套、模拟电视节目44套。随着网络时代的到来及基地搬迁，有线电视逐步退出历史舞台。

1931年，中国共产党成立10周年的时候，新华社的前身红色中华通讯社在江西瑞金成立。1935年，新华社记者就跟随中央红军到了陇原。

1939年，新华社陇东支社在陕甘宁边区成立，也就是今天的庆阳，这个时间恰逢玉门油田开发日。

1941年，周总理在重庆指示南方局常委、新华日报社社长潘梓年安排报社采编室主任田伯萍等人到玉门油田，成立了中国石油历史上第一个党支部。当时，周总理的政治秘书就是宋平。1946年，宋平担任了新华社重庆分社第一任社长。

中华人民共和国成立后，对玉门油田的进步、贡献，不但新华社进行了充分的报道，其他主流媒体，包括《光明日报》《经济日报》《工人日报》都是见证者。

玉门油田虽然地处偏远，却是共和国的一张精神名片。记者、作家、艺术家来到玉门总能挖掘出好故事、好选题，玉门的"门"是创造之门，是灵感之门，是我们开启新时代、开创新局面的胜利之门。新闻人要更多的走进油田，传承红色基因，传承动力资源，通过采访、报道、宣传把玉门精神、石油精神推向全国，筑牢民族之魂。新闻人要进一步发扬优良传统，记录时代发展，服务国家战略。

1950年，美国发动了对朝鲜的侵略战争。为了抗美援朝，保家卫国，毛主席发布命令，派中国人民志愿军入朝作战，与朝鲜人民军共同抗击美帝国主义的侵略。

为了支持抗美援朝正义反击战争，全国各地相继成立了相关组织。玉门县成立了"抗美援朝分会"，全县工人、农民纷纷慷慨解囊，捐钱捐物，用实际行动支持抗美援朝。在这种形势下，玉门矿务局当即发出倡议，积极响应党中央和毛主席的号召，为抗美援朝捐献一架"石油工人号"战斗机。6月8—15日，全矿工人、家属和其他居民共捐人民币（旧币）15.7亿元，实现了玉门石油工人捐献"石油工人号"战斗机的意愿。玉门油田展览馆内存有捐献"石油工人号"战斗机的证书。

1957年，玉门油田仅有石油河上豆腐台一个水源，年供水量为260万吨左右。随着鸭儿峡油田开始钻探、老君庙油田改为注水开发、炼油厂规模扩大、热电厂开工兴建、市区人口不断增多，工业和民用水紧缺的问题日益突出，严重地制约着油田的发展。

经水文地质人员调查，矿区东北部的白杨河水量较为充沛。如果将白杨河的水引到矿区，就可以极大地缓解矿区的供水压力。因此，矿务局决定修建白杨河至矿区的引水工程。与此同时，甘肃省水利厅为解决白杨河、赤金等地农业用水问题，也有修建白杨河引水工程的打算。经过协商，这项工程由甘肃省水利厅和玉门矿务局共同负责施工。

玉门矿务局最初只是为解决矿区的供水问题，因此初步设计是采用大口径铸铁管将白杨河的水引到矿区。由于地方水利部门的参与，工程规模扩大为水源水坝、白杨干渠、玉门支渠、白杨河支渠、赤金支渠五部分，并借鉴民间打洞引水的经验，将设计方案修改为开凿一条地下隧道将河水引到矿区。总投资190万元。

1957年6月24日，白杨河至矿区的引水工程正式开工，数千名工人、农民在矿区至水源的戈壁滩上安营扎寨，开始了艰苦的鏖战。由于地下隧道较长，所以必须每隔300~800米开挖一口竖井或斜井，加之隧道的作业面有限，工程十分艰巨。但是为了将水早日引到矿区，所有参战人员无论是赤日炎炎的盛夏，还是滴水成冰的寒冬，一直在地下挖洞。遇到锈砂地层，一锤下去只能挖下鸡蛋大的一块；遇到疏松砂层，前面挖、后面塌，所以必须挖一截，立即用木头支撑加固。由油建公司负责的第一工段工程难度最大。他们要开挖47~79米深的13口竖井和1700多米长的隧道。最初，工人三班倒，一天一夜只能掘进12.5米；将三班倒改为两班倒后，日进尺达到14.6米。后来，根据老工人的建议，将人工掘进改为爆破施工，日进尺提高到20.5米，进度大大加快。

经过施工人员7个半月的顽强拼搏，一条长16.63千米的地下渠道终于竣工。渠道沿线有竖井141口，斜井14口，最深的竖井79米，最浅的6米。渠道上宽1.4米、下宽0.6米，为水泥、卵石砌筑。设计流量为每秒2立方米。隧道呈拱形，平均高度1.74米。除水渠外，还有三段虹吸管线。1958年2月10日下午4点，引水进渠的闸板徐徐打开，清澈的白杨河水顺着渠道欢快地流向玉门市新市区三五区水池。从此，玉门油田和市属单位的用水状况得到了根本改善。

1958年2月投用的白杨河至矿区引水渠道经过30多年的运行，局部已发生老化，输水能力有所下降。加之油田后期开发注水量增加、炼油加工能力扩大、电厂扩建及居民用水量增多等，水再一次成为制约油田发展的"瓶颈"。

1992年，经油田职能部门和水电厂有关人员的详细勘测、反复论证，决定从旧引水渠的分水闸处修建一条复线到市区解放门净化站，并将其列为1993年油田的重点工程之一。

新渠道与旧渠道间隔50米，全长9649.3米，为完全封闭式暗渠，其中拱形隧道5720.3米，暗埋涵管3368米，倒虹吸两段，长561米，设检查井24口，跨沟排洪等建筑物51座，总工程量

19.44万立方米，总投资近700万元。

为了加快工程进度，保证工程质量，水电厂成立了由20多人组成的工程项目部，并采用了公开招标方式实施工程。

1993年5月15日，白杨河引水复线工程正式开工。水电厂燃运车间用10天完成了该工程的"三通一平"任务，供电车间用10天完成了该工程的临时用电线路架设任务。

经过施工人员200多天的努力，新渠道于1994年1月7日正式竣工通水，使得油田供水不足的矛盾再次得到缓解。

20世纪60年代初，玉门石油管理局承担了新疆吐鲁番盆地的地质勘探工作，成立了玉门石油管理局吐鲁番矿务局，由副局长陈宾兼任局长。当时，各企业都在兴办农业，当地政府在火焰山北侧划出一片地，让吐鲁番矿务局开垦。

要种地，首先要解决用水问题。吐鲁番地区干旱缺水，当地居民是靠坎儿井从天山引水的。这种方法是从水源地开始，隔一段挖一口竖井，再把井底横向挖通，从而把水引到居民点，供居民灌溉和饮用。挖一排坎儿井要很长时间，施工难度大，不宜大兵团作战。吐鲁番矿务局急等用水，不能沿用这种老办法。经过试验和设计，最终决定从博格达山上以明渠引水。陈宾带人寻找水源，经过勘察，确定了水渠路线，全体职工大干起来。

在修渠的过程中，要挖沟、整修、拣石、运石、砌筑，劳动强度很大，除了连续生产岗位的职工，其他人主动参战。在大家的共同奋斗下，一条长达 32 千米的水渠很快就修成了，并在渠尾修了一座横碑，上面刻了"石油工人渠"五个大字。当地政府和维吾尔族老乡都认为，玉门石油人给当地兴办水利事业开辟了一条新路子。

红色
工业

第 11 章
CHAPTER ELEVEN

《我为祖国献石油》创作于
玉门油田

《我为祖国献石油》的歌词创作于玉门油田，成为我国石油工业的主旋律。《我为祖国献石油》是由薛柱国作词、秦咏诚作曲、刘秉义原唱的歌曲，创作于1964年，是中国石油大学（北京）、广东石油化工学院的校歌。2019年6月，该曲入选中宣部"庆祝中华人民共和国成立70周年优秀歌曲100首"。

根据 2013 年 5 月 22 日中国石油天然气集团有限公司党组印发的《中国石油企业文化建设工作条例》，将《我为祖国献石油》列为中国石油天然气集团有限公司的司歌，并称这首讴歌石油工人的歌曲展现了石油工人气壮山河的豪迈气概，反映了石油人的价值追求。奏唱司歌被列入该企业重要活动、重要会议、重大仪式议程。2018 年 6 月 15 日，中国石油大学（北京）在建校 65 周年之际，将《我为祖国献石油》确定为校歌。此外，该曲还是广东石油化工学院的校歌。

"锦绣河山美如画，祖国建设跨骏马。我当个石油工人多荣耀，头戴铝盔走天涯……"这首热情豪迈的石油工人的英雄赞歌不仅是激励一代代石油人投身祖国建设的号角，而且是优秀的中国工人阶级英雄群像的整体写照。虽然它被创作于半个多世纪前，但是今天唱来还是那样令人心潮澎湃、热血沸腾。

词作者就是玉门油田的薛柱国。玉门石油工人工作的场景激发了当时在玉门油田文工团工作的薛柱国的创作激情。1956 年，薛柱国转业到玉门油田文工团。1958 年，在玉门油田创作了《我为祖国献石油》。1960 年，薛柱国参加大庆石油会战，成为一名外线电工。同年，《我为祖国献石油》在大庆石油会战指挥部的宣传册上发表，被在大庆油田体验生活的青年作曲家秦咏诚发现，随后被谱上曲，传唱至今。

秦咏诚是中华人民共和国培养出来的第一代作曲家。在半个多世纪的创作生涯里，他创作了歌曲《我为祖国献石油》《毛主席走遍祖国大地》《我和我的祖国》，声乐协奏曲《海燕》，交响诗《二小放牛郎》，电影音乐《创业》《元帅与士兵》，等等。其作品具有很高的艺术性和广泛的社会影响力。他为我国的音乐艺术与教育事业做出了重要贡献。

1964 年，一个通知使秦咏诚与著名作曲家、沈阳音乐学院院长李劫夫有了一次近距离接触。也正是这个通知，使他和石油工人结下了不解之缘。1964 年 3 月，中国音乐家协会组织部分作曲家到大庆油田体验生活，创作一批反映石油工人的作品。李劫夫也接到了通知，要求他务必在 3 月 20 日到黑龙江省的萨尔图报到。接到通知后，李劫夫准备动身。由于身体原因，学院准备找一位年轻人陪同他"北上"，李劫夫提议，由秦咏诚陪他去。不巧的是，秦咏诚当时正发高烧，已卧床三天。闻此讯，李劫夫亲自到秦咏诚家探望并嘱咐他安心养病。面对这难得的机会，秦咏诚盼着自己早日康复，第二天一退烧，他不顾身体的虚弱，坚持陪李劫夫院长前行。

1964 年 3 月 19 日晚，秦咏诚如愿以偿地和李劫夫院长一起登上了"北上"的火车。在车上，秦咏诚终于提出了憋在心里的疑问:"我们去的萨尔图是什么地方?"李劫夫悄悄地告诉他:"萨尔图是个大油田,叫大庆油田,现在还保密呢。"辗转到大庆后,秦咏诚与吕骥、瞿维、王莘、张鲁和李劫夫等著名音乐家同住在大庆石油指挥部的招待所。

从第二天开始,大庆油田为音乐家们安排了介绍石油相关知识的课程,从勘探、钻井到采油、炼油等,一连10天,一天一个内容。10天后,大庆油田又安排他们深入一线体验生活。秦咏诚和李劫夫、王莘(《歌唱祖国》的曲作者)被安排在"铁人"王进喜担任队长的1205英雄钻井队,在队里与"铁人"朝夕相处,一起生活了三天。在这期间,王进喜向秦咏诚讲述了他1959年在北京参加全国人民代表大会时,看到北京的公交车由于缺油背着煤气包时沉重的心情,还讲述了大庆石油大会战的情景。石油工人为了让国家早日甩掉"贫油"的帽子,打破西方敌对势力的经济封锁,以战天斗地、大无畏的英雄气概喊出"有条件要上,没有条件也要上"的响亮口号;"石油工人一声吼,地球也要抖三抖"的惊天地、泣鬼神的大无畏革命英雄气概,使秦咏诚的心灵受到了强烈的震撼和巨大的冲击。特别是同王进喜和他的英雄钻井队朝夕相处的几天,秦咏诚对石油工人的认识进一步加深,情感上产生了强烈的共鸣,他决心创作出能反映石油工人精神的作品,以表达自己对他们的敬意。

随后,秦咏诚一行回到了招待所,大庆油田党委宣传部为他们准备了一批反映大庆油田和石油工人工作生活内容的歌词，希望他们为其谱曲。在老作曲家挑选完歌词后，秦咏诚也去挑了挑。这时，石油工人薛柱国的《我为祖国献石油》映入他的眼帘。这首采用了第一人称的歌词形象生动、鲜活灵动，将石油工人豪迈、乐观的情绪和战天斗地的大无畏精神描绘得入木三分。秦咏诚越看越喜欢，越看越激动。此刻，他灵感乍现，思如泉涌，在招待所的食堂里，仅用了20分钟，就创作出了这部作品。

受到歌词意境的启发，歌曲的前奏较快，明快而富有弹性的节奏，跳动起伏的旋律，好像满载着石油工人的列车驰骋在祖国的大地上，从祖国的大西北风驰电掣般地驶向千里之外的大东北。而后，引出了石油工人豪迈的歌声："锦绣河山美如画，祖国建设跨骏马，我当个石油工人多荣耀，头戴铝盔走天涯……"歌曲旋律宽广，曲调清新流畅，生动地刻画了石油工人的豪放气概，以及自豪与自信的革命乐观主义精神。在"跨骏马"的"跨"字上，旋律吸收了说唱音乐的元素，采用了下滑音，既符合汉语四声的声韵而"不倒字"，又铿锵有力，突出了石油工人豪放、爽朗的性格。"头顶天山鹅毛雪，面对戈壁大风沙，嘉陵江上迎朝阳，昆仑山下送晚霞……"这四句则是抒情段落，形象地描绘了石油工人转战南北、四海为家的豪情斗志和乐观向上的精神。

为表现石油工人"天不怕，地不怕，风雪雷电任随它"的大无畏英雄主义精神和气壮山河的豪迈气概，秦咏诚将这两句歌词处理成短促有力的八分附点音符与切分节奏，使音乐变得更加铿锵有力且富于动力。既与前面抒情段落形成鲜明的对比，又为后面的全曲高潮做了很好的铺垫。

歌曲的高潮部分在"我为祖国献石油，哪里有石油哪里就是我的家"。为使歌曲的高潮更加突出、更具感染力，秦咏诚别出心裁地将这句开始的第一拍处理成休止符，使"我为"两个字从弱拍开始，以突出下一小节在强拍上"祖国"的"祖"字。然后在"献石油"的"油"字上，旋律采用了迂回式上行，音域上形成了大跨度的十度音程。在歌曲的最后四小节"我的家"三个字的处理上，秦咏诚还巧妙地借鉴了中国戏曲音乐的拖腔。值得一提的是，在作品的初稿中，最后这四小节并不像现在这样，而是秦咏诚回到学校后，将作品唱给朋友和学生听后，听取并采纳大家的建议，将原来最后一句比较简洁的旋律改成了现在这样一气呵成的拖腔。这样一来显得更有感染力和动力，既刻画了石油工人的洒脱性格，又使全曲在充满乐观和自豪感的气氛中结束。修改后的作品发表在中国音协辽宁分会会刊《音乐生活》上，很快就唱响祖国大江南北、长城内外，成为一首石油工人的英雄赞歌。

红色
工业

第 12 章
CHAPTER TWELVE

玉门油田的不老基因

玉门油田开发了80多年，虽无法逆转自然资源自然递减的客观规律，但玉门石油人未雨绸缪，不懈探索，力图避免陷入资源接替不足、人员流失严重的困局，坚决不能「油竭城亡」成为第二个巴库。

面对困境与挑战，玉门油田坚持党建引领，发扬玉门精神，从未停止过逆势而上的努力和砥砺前进的步伐。如今，这个时代命题，玉门油田找出了答案，就是建设基业长青的"百年油田"。

奔着通过"二次开发"，近年实现"重上百万吨"的目标，凭着一种骨气、志气和士气，玉门油田坚持做大油气基本盘，坚持促进新能源转型，坚持推进改革创新，坚持推进科技自立自强，原油产量经历了 40 万吨的低谷后，迎来了年产量 80 万吨的"又一个春天"。老油田向阳新生。2022 年，玉门油田实现了 2004 年以来首次扭亏为盈的历史跨越，结束了 18 年亏损的历史，破茧成蝶！

石油精神教育基地位于老君庙一井碑旁，"老君庙油田冲断带采油平台"几个鲜红的大字与磕头机辉映，给人以强烈的冲击。

作为中国石油最早建立党组织的企业，玉门油田始终坚持党的领导不动摇，听党话跟党走。在抗日战争烽火硝烟中一步步建立党的组织，在建设发展实践中深化党建认识，不断提升党建科学化水平，确保了油田始终沿着正确的方向前进。

进入 20 世纪末，玉门油田陷入低谷，人心浮动。曾经有一年，玉门油田有 10 个招工名额，但是只招到 4 名大学生，其中还有 3 个是油田子弟。

油田的领导刘战君回忆："当时大家都失望到绝望的地步了。但是玉门油田在党组织的坚强领导下从来没放弃过，从来没有气馁过。如果没有党组织，玉门油田可能已经成为博物馆了。"

在党组织的坚强领导下，玉门油田在艰难、困苦中努力着，先后提出了"东山再起、再造青春""重上百万""老油田不老"等思想口号，激发员工动力、提振队伍士气，支撑油田度过了最困难的时期。

围绕"双碳"目标，玉门油田的未来究竟在何方？如何实现扭亏脱困？如何高质量建设百年油田，让石油摇篮旗帜永不褪色？

玉门油田党委以高质量发展为主题，秉持奉献能源核心价值，坚定实施"油气并举、多能驱动"发展战略，统筹推进"一个愿景、两个转型、三驾马车、四篇文章"发展布局，即围绕建设基业长青百年油田的发展愿景，推动能源结构转型和市场化转型，驱动勘探开发、炼油化工、新能源三驾马车，做好发展、改革、创新、党建四篇文章，弘扬石油精神、传承玉门精神，按照"三步走"战略奋进建设基业长青百年油田新征程，为中国石油建成世界一流综合性国际能源公司贡献"石油摇篮"力量。

战略规划提出后，广大干部员工对油田发展信心大增，精神状态得到根本改变。

故步自封解决不了问题，于是他们提出"油气并举"，做大油气基本盘，想方设法增加产量。

中国石油集团公司的矿权流转为玉门油田带来了生机。2017年、2019年，玉门油田两次获得环庆区块共1860平方千米的流转矿权；2021年获得宁庆区块的流转矿权。

曾想，1970年，玉门人跑步上庆阳，参加陕甘宁石油会战。时隔近50年，中国石油天然气集团有限公司党组将环庆区块矿权流转给玉门油田，走过了近80年的老油田再次吹响了征战陇东高原的"集结号"。

通过矿权内部区块流转，玉门油田再次走进陇东，制定"原油产量重上百万吨"的目标。2018年5月31日，环庆油田木202井区环庆16-11井开钻，标志着环庆区块勘探开发正式进入实施阶段。

作为玉门油田实现资源接替的重要阵地，环庆区块的效益开发将有效缓解玉门油田油气资源不足的困境。在环庆区块矿区流转初期，不仅有决策者，而且有很多各路战线的工作人员。

对于环庆区块的发展，从集团公司党组到全体油田员工都充满了期待。参战将士心里都铆着一股劲，势必要将环庆新区的年产量攻上40万吨。他们将玉门老区的精细研究方法运用到环庆区块，在侏罗系甘陕古河河间丘和演武高地的勘探中取得突破，玉门油田超额完成了探明和预测储量任务。

创新探采一体化模式，长8东部实现了整体探明并规模建产，侏罗系演武高地发现了 13 个浅层高效油藏并高效建产，玉门油田迎来了第 5 个增储上产期。

2021 年，冲劲更足的玉门石油人解放思想、创新思路，发现了整装油田——虎洞油藏，同时各项开发指标持续提升。环庆区块勘探新成果连续 3 年获得中国石油集团公司奖励。

宁庆区块是天然气区块，为玉门油田实施"油气并举"发展战略创造了条件，也为玉门油田实现天然气资源的战略突破打下了坚实基础。

自 2021 年获得宁庆区块的流转矿权，天然气成为玉门油田勘探开发的又一重头戏。矿权流转的当天，玉门油田勘探开发研究院天然气室成立。与此同时，玉门油田迅速调整勘探部署，将有限的资金投入新区天然气勘探开发。

快速开展构造解释、沉积储层、成藏规律、目标评价等精细研究，在一个多月的时间里，玉门油田落实了宁庆区块 3 支有利含气砂带，部署了 9 口预探井。李庄 8 井、9 井、10 井试气均获得高产气流。

"油气并举"的资源基础得到进一步夯实，2021 年，玉门油田生产天然气 509 万立方米，填补了 80 多年发展史中天然气产量"零"的空白。在玉门油田"十四五"规划中，到 2025 年，天然气年产量要达到 10.5 亿立方米。

新老区"两翼"齐飞，玉门油田坚定不移地把油气这块"蛋糕"做大，大力实施"新区高效上产""老区效益稳产"工程，2022年，完成原油产量69万吨、天然气产量4000万立方米，为扭亏为盈奠定了坚实的基础。

同时，玉门油田的新能源转型已在路上。截至2023年7月中旬，玉门油田清洁电力装机规模达到50万千瓦以上，对外清洁能源供应能力达10亿千瓦时/年，折合21万吨标油，位居中国石油16家油气田企业第一。

从传统老油田发展为新能源转型发展赛道上的佼佼者，玉门油田是如何做到的？

借地利。河西走廊有丰富的风、光等资源。玉门油田具备发展风电、光伏等新能源的先天优势。

抓天时。发展新能源就要抓住新机遇。要抓住新机遇就要对国家、地方新能源政策准确把握，抓住机会主动出击。国家全力推动以沙漠、戈壁、荒漠为重点的大型风光电基地建设，甘肃省启动了新一轮清洁能源基地建设。及时关注国家发展新能源、实施"双碳"战略的规划和政策，跟进甘肃省、酒泉市新能源业务的政策，玉门油田提前谋划，与甘肃省、酒泉市领导对接、沟通、交流，赢得了地方政府的理解和支持，开辟出了发展新能源的坦途。

靠人和。在能源转型的大势下，玉门油田按照集团公司"积极稳妥发展新能源业务，率先做到不消耗化石类能源"的要求，

2020年通过了油田第一个新能源业务发展规划。玉门油田还制定了"油气并举、多能驱动"的发展战略，确立了绿色低碳转型"三步走"发展路径。

众人拾柴火焰高，互利共赢成就未来。玉门油田广泛与中国石油内外单位建立合作，促进耦合式发展，为新能源项目开发建设创造了条件。

2021年12月27日，中国石油首个集中式光伏发电站——玉门油田200兆瓦光伏示范项目正式并网发电，创造了43天完成前期工作的"玉门效率"、60天完成主体工程建设的"玉门速度"。这离不开EPC总承包中国石油工程建设有限公司的鼎力支持，确保了项目高速推进。

玉门的新能源项目能建设得如此之快，也得益于坚持"共建、共赢、共享"，支持地方基础设施建设、社会事业发展和主导产业开发。因此，当地政府对油田发展新能源提供了很大的支持。

天时、地利、人和皆备，在新能源转型的新赛道上，玉门油田跑出了加速度。

自2020年发展新能源业务以来，玉门油田已先后建成投运石油沟887千瓦分布式光伏发电试点项目、200兆瓦光伏发电及配套储能项目、300兆瓦集中式光伏发电站、肃州区整县推进5兆瓦分布式光伏电站4个新能源项目。

目前，清洁电力装机规模达到50万千瓦以上，并且在中国石油系统内率先实现了对外供应清洁电力。现在，玉门油田已成为中国石油"十四五"新能源业务"六大基地"之一。

玉门油田向"新"不断出新绩。

2021年，玉门油田充分利用炼化总厂的富裕氢气资源，建成投运了占地面积9000平方米，集氢气压缩、装车系统和储氢设施于一体的氢气加注站，且已初步在甘肃、宁夏、新疆形成氢气供应链。2022年6月，玉门油田输氢管道建成投运，成为甘肃省首条中长距离输氢管道。甘肃省将玉门油田确立为全省氢能产业链链主企业。

2022年，国家电网系统外首家新能源计量中心——国家能源计量中心（电力）酒泉新能源分中心落户玉门油田，并获得中国石油首张绿色电力证书。这为玉门油田打造新能源综合研发实证中心搭建了平台。

2022年9月，玉门油田建成投运600兆瓦/年光伏支架智能生产线，迈出了新能源装备制造中心建设第一步。

2023年8月8日，玉门油田可再生能源制氢项目开工暨酒泉市氢能产业发展联盟、国家能源计量中心（电力）酒泉新能源分中心揭牌。

新能源、新业务各有各的突破、各有各的精彩，玉门油田获得了新的效益增长极，为建成基业长青百年油田奠定了坚实基础。

玉门油田开发建设比大庆油田早20年，比胜利油田早25年，比辽河油田早 30 年。玉门油田探索"百年油田"之路，实现可持续发展的经验，对中国石油工业将产生深远影响。玉门油田经过了勘探、建设到生产的各个时期，可以说每一步都对全国老油田有着或多或少的借鉴作用。

全国各油田的注水开采是从玉门老君庙油矿开始的；抽油技术等的兴起也是从玉门开始的。中华人民共和国成立初期，玉门油田超高负荷高速度开采使油田产量急剧下降，这为大庆油田后来的科学开发，坚持从实际出发，坚持实事求是，坚持"三老四严"提供了借鉴。

玉门油田的经验继续为中国石油注入新活力。玉门油田走过的路，其他油田正在走或未来可能也要走。

曾被列为国家"七五"重点科研项目的"三次采油研究"在我国第一个天然石油基地玉门油田有了成果。中法技术合作研究表明：这个油田开发研究院研制的两种石油磺酸盐驱油剂已达到美国 TRS 系列产品性能。

玉门油田 80 多年的发展历程见证了中国石油工业从弱小走向世界能源舞台的中央，从落后走向现代化的历史进程。

玉门油田的历史是一部爱国史。这里播下了中国石油红色的火种，铸就了中国石油工业的摇篮，这里孕育的铁人精神、玉门精神升华为大庆精神，光荣入列中国共产党人的精神谱系；这里瞄准"碳达峰、碳中和"目标，正在探索一条资源型老企业"油气并举、新老结合"的能源转型之路。

进入"十四五"时期，走过 80 多年风雨的玉门油田传承红色基因，赓续红色血脉，以高质量党建引领高质量发展，开启了建设基业长青百年油田的新征程。全面担负起了甘肃省氢能源产业链主企业和集团西部新能源发展基地的重任，做中国石油转型发展的示范企业，瞄准"碳达峰、碳中和"目标，积极探索资源型老企业"油气并举、新老结合"的能源转型之路。

海拔 2300 多米的玉门油田地理位置偏僻，高寒缺氧、气候恶劣。渴望"下山"改变生存环境是几代玉门人的愿望。在油田勘探开发取得突破，油田发展呈现良好态势的大背景下，在中国石油天然气集团有限公司的关心扶持下，2002 年 8 月 27 日，酒泉基地建设正式立项。2003 年 6 月 18 日，酒泉基地正式开工建设，仅用了三年时间，玉门油田首批 66 户居民实现了"下山"的夙愿。

2009 年 5 月 26 日，玉门油田举行了酒泉基地建设总结表彰大会，这标志着玉门油田酒泉基地全面建成和投运，"下山"工程画上了圆满句号。

玉门油田酒泉基地位于酒泉市西南新城开发区内，占地 3600 亩，东西长 2.4 千米，南北宽 1.8 千米。

北起敦煌路，南至环城南路，东起解放路，西至环城西路，东西向的飞天西路、景观路和南北向的肃州路、世纪大道、飞天南路将基地自然分割为紫荆园、百合园、芳沁园、茗萃园、玉兰园、承瑞园、兆祺园、怡静园、天润园、鸿硕园 10 个独立小区。

酒泉基地向北通过新城区主要景观道——世纪大道与酒泉市政府和人民广场相接，通过肃州路、解放路向北至老城区，南通工业园区、火车站；通过飞天西路东连 312 国道，西至嘉峪关、玉门矿区。

基地布局合理、功能齐全、管理先进、环境优美，成为玉门人理想的居所。

玉门油田经过 80 多年的能源管理体系建设，于 2019 年 5 月收到联合国清洁能源部长级会议能源管理工作组的贺信和奖状，首次在国际上获得"2019 年全球优秀能源管理领导奖"——能源管理洞察奖。联合国清洁能源部长级会议已在其网站发布了玉门油田能源管理案例研究，并于同年 5 月 29 日在加拿大温哥华举行的第十届 CEM 演讲中向各国政府代表通报获奖者成就。

2020 年 11 月 19 日，2020 年度中国石油石化企业管理现代化创新"三优"项目在湖南长沙揭晓。玉门油田有 6 个项目获得不同奖项，其中"油田企业能源精细化创新与实践""基于数字化平台的酒东采油厂能源管控中心试点建设"分别获得优秀管理成果二等奖、优秀论文三等奖。

这些都是玉门油田贯彻新发展理念，在提升绿色低碳管理能力上取得的新成果。2020 年节能监测站通过国家认监委节能监测职能审定，连续 4 届获得节能监测技术比武第一名。

2021 年以来，玉门油田深入分析推进油田扭亏脱困、建设基业长青百年油田面临的突出问题和挑战，全面贯彻新发展理念及集团公司创新驱动发展战略，把创新作为第一战略，研究部署了主营业务科技攻关方向和多能驱动转型发展重点，着力提升自主创新能力。一方面对掣肘油田高质量发展的关键技术和工艺"开火"，另一方面针对新能源产业发展发起"冲锋"。部署实施"人才强企工程""新能源新材料新事业发展人才专项工程"，营造良好的人才创新生态环境，为科技创新强力赋能。

近年来，随着国家"双碳"政策的落地，新能源产业发展趋势逐渐清晰。玉门油田乘势而上，结合"一地三中心"——西部清洁能源基地、新能源装备制造中心、新能源综合研发实证中心、新能源实践培训中心的发展规划，建成了以服务新能源产业发展为主体功能的玉门油田培训学校，包括新能源电站 110 千伏模拟升压变电实训场、高压电工实训场、线路连接电工实训场、新能源综合实训场在内的 24 个专业实训场，可对新能源及油气田生产方面共 36 个工种开展职业技能实训。

2023 年，集团公司给了玉门油田 60 个招工指标，报名人数为 779 人。其中，名校毕业的应聘者有 45 人，研究生有 25 人。

作为中国石油清洁能源示范转型基地之一，玉门油田不仅要实现人才自给自足，而且要发挥"大学校"的优良传统，产教融合打造新能源人才摇篮，服务中国石油新能源人才建设。

参考文献

[1] 玉门油田 80 年编委会. 玉门油田 80 年·数说玉门 [M]. 北京：石油工业出版社，2019.

[2] 玉门油田 80 年编委会. 玉门油田 80 年·图说玉门 [M]. 北京：石油工业出版社，2019.

[3]《石油摇篮·记忆》编委会. 石油摇篮·记忆 [M]. 北京：石油工业出版社，2012.

[4] 玉门油田公司. 中国石油企业文化辞典玉门油田卷 [M]. 北京：石油工业出版社，2018.

[5]《中国油气田开发志》总编纂委员会. 中国油气田开发志·玉门油气区油气田卷 [M]. 北京：石油工业出版社，2011.

[6] 玉门油田大事记编委会. 玉门油田大事记（1938—1998）[M]. 甘肃：甘肃人民出版社，1999.

[7] 余秋里. 余秋里回忆录 [M]. 北京：人民出版社，2011.

[8] 中国石油天然气集团公司思想政治工作部. 辉煌见证：60 年新闻作品选编 [M]. 北京：石油工业出版社，2010.

[9] 孙越崎科技教育基金管委会. 孙越崎传 [M]. 北京：中

国文史出版社，1994．

［10］金冲及，陈群．陈云传［M］．北京：中央文献出版社，2015．

［11］J．M．韦勒．戈壁驼队——中美地质学家西北找油纪实（1937—1938）［M］．赵辛而，译．北京：石油工业出版社，1992．

［12］全国政协文史资料研究委员会工商经济组．回忆国民党政府资源委员会［M］．北京：中国文史出版社，1988．

［13］孙鸿烈．世纪中国知名科学家学术成就概览：地学卷［M］．北京：科学出版社，2013．

［14］王志明．翁家石油传奇［M］．北京：石油工业出版社，2014．

［15］《西安石油大学石油史研究文丛》编委会．中国石油勘探史上的关键问题研究［M］．北京：石油工业出版社，2017．

［16］《习仲勋传》编委会．习仲勋传［M］．北京：中央文献出版社，2013．

［17］于芳．团结报，2019-11-7（6）．

后　记

　　工业遗产是工业文明的重要历史见证。2018 年、2019 年、2023 年，在中国科学技术史学会、中国文物学会、中国铁道学会、中国机械工程学会、中国化工学会、中国造船工程学会、中国纺织工程学会、中国金属学会、中国煤炭学会、中国科普作家协会、中国自然科学博物馆学会等的支持下，中国科协创新战略研究院与中国城市规划学会联合发布了三批工业遗产保护名录，共收录国内（包括台湾、香港、澳门地区）300 个工业遗产，涵盖近代以来不同历史时期、不同行业门类、不同地区、不同所有制形式、不同技术来源的工矿企业或工程设施，具有显著的代表性和突出价值，得到了学术界和公众的广泛认可，在社会上引起了关注工业遗产保护利用的热潮，取得了积极的社会影响。

　　红色资源是中国共产党艰辛而辉煌奋斗历程的见证，是最宝贵的精神财富。按照习近平总书记"用好红色资源、赓续红色血脉"的指示精神，自 2020 年起，围绕中国共产党百年历史，立足中国科协工业遗产领域研究成果，联系相关学会，组织编写了"红色工业"书系。本书系力图通过生动、感人的故事展现在中国共产党领导下，自力更生、艰苦奋斗，构建起门类齐全、自主可控的工业体系、交通体系，从一个落后的农业国转变为一个现代化工业强国的波澜壮阔的奋斗历程，揭示了其中隐含的深刻历史经验。重点提炼了工业遗产中的红色元素，深入挖掘红色工业遗产资源背后的思想内涵，准确把握党的历史发展主题主线、主流本质，围绕革命、建设、改革各个历史时期的重大事件、重要节点，向受众传播红色文化、科学文化。生动阐释党的百年奋斗从根本上改变了中国人民的前途命运，开辟了实现中华民族伟大复兴的正确道路，展示了马克思主义的强大生命力。深深铭记党和人民共同创造的精神财富，牢记初心使命，赓续革命传统，更加坚定"四个自信"，牢固树立跟党走的决心，以史为鉴、开创未来，埋头苦干、勇毅前行，为实现第二个百年奋斗目标、实现中华民族伟大复兴的中国梦而不懈奋斗。

工业遗产课题组与中国科学技术出版社联合拟定了组编方案，编写了样稿和写作要求，积极联系相关领域有一定研究基础、具备较强写作能力的作者。该书系以中国科学技术协会名义组编，由中国科学技术出版社联合中共中央党校出版社出版。

2020年10月，"红色工业——中国工业发展之路"第一辑《安源煤矿》《成昆铁路》《武汉长江大桥》《包头钢铁公司》《首都钢铁公司》正式出版。

"红色工业"书系（第一辑）出版后，工业遗产课题组继续推进第二辑的创作进度，协调作者与相关部门开展调研、资料搜集整理，加快撰写速度，严格把握写作质量。编委会将推出更多作品，让读者了解中国工业背后的红色工业，解开中国工业发展密码。